AF356277

5125

PRÉCIS

SUR L'USURE.

DE L'IMPRIMERIE D'A. BERAUD,
Rue du Foin-Saint-Jacques, n° 2.

PRÉCIS

SUR L'USURE

ATTRIBUÉE

AUX PRÊTS DE COMMERCE ;

PAR M. B.....

SUIVI

DE L'OPINION ANALOGUE DE L'ABBÉ BERGIER,
COMPARÉE AVEC CELLE QUE LUI PRÊTE
UN ÉDITEUR DE TOULOUSE.

PARIS,

CHEZ
{ Aimé ANDRÉ, quai des Augustins, nº 59,
PICHARD, quai Conti, nº 5,
DELAUNAY, Palais-Royal,
MONGIE, boulevard des Italiens.

1825.

PRÉCIS

SUR L'USURE

ATTRIBUÉE

AUX PRÊTS DE COMMERCE.

A UN ÉVÊQUE.

OUI, Monseigneur, il est très-vrai que j'ai écrit en faveur du *prêt de commerce ;* mais plus de cinquante ans se sont écoulés depuis cette tentative, alors peu prudente, et mon ouvrage ne devint pas public. Je sortais de licence. Appelé à..., par mon Évêque, pour donner des leçons de théologie aux jeunes ecclésiastiques de son diocèse, j'y trouvai toutes les têtes en fermentation. Un des principaux membres d'une Congrégation plus distinguée par son zèle et ses vertus cléricales, que par ses talens, venait de mettre au jour une Dissertation sur l'usure attribuée aux *prêts* en usage dans le commerce ; elle n'avait de remarquable que sa violence. Indigné de la manière acerbe, je dirais presque grossière, dont on y parlait de ses opérations, tout le négoce de R.... s'était soulevé contre l'auteur. Je parcourus son travail. Il me sembla qu'il eût gâté les meilleures raisons par l'expression ; et les raisons ne m'en parurent pas bonnes. Je le dis. On me pressa d'y répondre. Je pris la plume, persuadé que je la prenais pour la défense d'une vérité importante. La Chambre de commerce de..... m'offrit de se charger des frais de l'impression.

Une timidité que vous jugerez aussi louable que naturelle me suggéra de ne pas publier ma *Réponse*, sans obtenir auparavant l'approbation d'une censure volontaire. J'envoyai donc mon manuscrit à Paris ; et mes censeurs bénévoles furent M. Riballier, syndic de la faculté de théologie ; M. Bergier, connu par ses écrits pour la religion, et M. Legrand, que je nommerais le premier des docteurs de son temps, s'il me fallait lui assigner une place.

Ils avaient de l'amitié pour moi , et je leur promis docilité. Au bout de quelques semaines , ils m'écrivirent : « Vous avez *démontré* » que les prêts de commerce sont légitimes ; » cependant nous vous conseillons de différer » de quelques années la publication de votre » ouvrage. Vous êtes jeune ; nos *vieux Doc-* » *teurs* vous sauront mauvais gré d'avoir com-».battu leur sentiment. On vous tracassera ; » et c'est ce qu'il importe d'éviter , sur-tout » *en débutant.* »

Je cite de mémoire ; car, dans le cours d'un demi-siècle , et au milieu des troubles de la révolution , l'original de cette lettre a été perdu. D'ailleurs , je n'attachais pas un bien grand intérêt à sa conservation ; mais je me souviens distinctement , et vous n'en serez pas étonné , du mot essentiel : *vous avez démontré.* J'ai eu occasion de le répéter si souvent ! Lorsque j'étais consulté , ce qui arrivait fréquemment dans une ville où tout est *fabrique, commission, assurances,* etc., au lieu de donner mon sentiment, je racontais le *démontré* : et, d'ordinaire, cela suffisait pour tranquilliser les consciences timorées, ou

4

pour diriger celles qui hésitaient sur la route qu'elles devaient prendre. Me bornant ainsi à la manifestation d'un *fait vrai*, j'ai toujours cru de bonne foi que je ne répondais de rien. Du reste, le jugement de mes Censeurs me parut si sage, et je m'y conformai si pleinement, qu'à dater de la lecture que j'en fis, jusqu'à l'invitation que vous m'avez adressée, je n'ai pas ouvert une seule fois mon ouvrage sur les *Prêts de commerce.*

Vous voulez aujourd'hui, M^{gueur}., que je les défende publiquement, si je pense qu'ils le méritent, et que j'expose les raisons qui m'y déterminent. J'obéis : non que j'aie la vanité de croire que ma façon de voir soit un poids dans la balance de l'opinion ; mais parce qu'il me serait difficile de ne pas faire ce qui vous est agréable. De plus, si je me trompe, les bons esprits sauront corriger mes erreurs, et en garantir les autres.

Ce n'est point l'ouvrage de 1771 que je publie en ce moment ; je l'ai relu, j'en ai pris la substance, retranchant beaucoup, ajoutant peu, m'efforçant d'être clair, conséquent, et aussi court que la matière le comporte. Les longs ouvrages ne sont que pour les savans ; ils surchargeraient, sans utilité, les autres hommes, auxquels suffisent pour leur conduite un petit nombre de réflexions solides et faciles à saisir.

Je déclare que, depuis l'époque ci-dessus marquée, personne n'a vu ce que j'avais anciennement écrit sur les prêts de commerce, et que, moi, je n'ai rien lu de ce qu'on a mis au jour sur le même sujet : de sorte que, s'il se trouve quelque ressemblance entre mon travail et celui des auteurs modernes, il ne faut pas l'attribuer à l'imitation, mais à ce genre d'évidence qui se montre naturellement à ceux dont les méditations, libres de toute influence étrangère, ne cherchent qu'elle.

I.

La première question à examiner est celle-ci : « L'usure n'est-elle défendue qu'à l'égard des pauvres ? » Je la regarde comme fondamentale et, ce me semble, avec raison ; car, si l'on peut la résoudre affirmativement, dire que *l'usure est seulement dé-fendue à l'égard des pauvres*, toutes les autres questions qu'on agite dans les écoles, sur cette matière, ne sont que d'une assez vaine curiosité. De quelque manière qu'on les décide, elles n'offrent plus d'intérêt pour la morale; et les consciences peuvent s'abstenir de s'en occuper.

La plupart des écrivains prostestans ont soutenu et soutiennent encore que la prohibition de l'usure ou du *prêt intéressé* ne s'étend pas au-delà de la classe nécessiteuse, et qu'on peut légitimement prêter à intérêt à ceux qui ne sont pas dans le besoin, qui n'empruntent pas parce que leur indigence les force d'emprunter. Quelques théologiens catholiques ont adopté ce sentiment : on leur a su mauvais gré de s'être, pour ainsi dire, enrolés sous les bannières hérétiques ; on le leur a reproché. Ce langage et cette conduite n'ont pas le suffrage d'une raison éclairée. L'homme qui, dans une circonstance particulière, pense et s'exprime comme les ennemis de l'Église, ne se met point à leur suite. Il pense et parle de son chef, croyant avoir aperçu la verité, qu'il serait injuste d'abandonner à cause que de savans hommes, qui errent sur d'autres points , la défendent. Ne sortons jamais des bornes de la modération, sur-tout quand nous accusons.

Cette réflexion choquera d'autant moins, que je me la permets en faveur d'une opinion que je crois ne devoir pas embrasser. En définissant l'usure : *Exiger quelque chose au-delà du principal, uniquement en vertu du prêt, et sans aucun autre titre légitime*, je tiens qu'elle est, à l'égard des riches, comme à l'égard des pauvres, un violement des lois de la nature ; et j'applaudis à l'auteur qui a dit le premier : « qu'il « est de justice (à quoi je joins l'humanité) « de rendre à notre prochain les services « qui dépendent de nous..... sans pouvoir « exiger un payement pour ce service lui-« même, quand il ne nous coûte ni peine, ni « temps, ni risques, ni soins, ni fatigues. » Un homme bienfaisant a, dans son coffre, cent louis dont il ne se propose pas de faire un emploi utile pour lui-même. Un indigent lui demande le prêt de cinquante louis pour

les besoins d'une maladie ; un riche mal-
aisé lui demande les cinquante autres pour
effectuer un paiement qui ne souffre point
de retard : les deux emprunteurs sont exau-
cés ; et les deux prêts, si la nature est écoutée,
doivent être également sans intérêt. Le prêteur n'a, pour satisfaire le riche, ni plus de
peines, ni plus de *fatigues*, que pour satisfaire le pauvre. Peut-être même court-il moins
de *risques*. S'il stipulait des intérêts pour
l'un et pour l'autre, il commettrait deux
fautes qui différeraient en gravité, mais qui
seraient de même nature.

Cependant il faut avouer que de savans
et respectables personnages ne sentent pas
l'évidence de cette doctrine. Innocent IV
se contentera d'avouer, d'une manière timide,
qu'il y a des Théologiens qui pensent (et
c'est *peut-être*, ajoute-t-il, le vrai sentiment) qu'on ne trouvera point un seul cas
où l'usure ne soit défendue par la nature
de l'homme et des choses : *Quidam dicunt*
(*et* FORTÉ NON MALE) *quòd etiam non est
invenire casum instinctu naturæ quo non
prohibeatur.*

Joannes major pose d'abord en principe que l'usure est contraire au droit naturel. De suite il se fait une difficulté, et ne craint point de dire « qu'elle prouve, on ne peut mieux, « que toute espèce d'usure n'est pas con- « traire à la loi naturelle *proprement dite;* » et, comme s'il se fût repenti de cette légère modification, il prend plus bas le parti de la supprimer : « Je ne crois pas (*ce sont* « *ses paroles*) qu'il soit très-évident que « toute sorte d'usure soit contraire à la loi « naturelle. »

Gerson donne les mains à ce sentiment.

Florent de Coq soutient que, à s'en tenir au droit de la nature, les constitutions de rentes, *rachetables des deux côtés,* sont ab- solument permises.

Arnaud et Nicole, qui ne grossiront jamais la liste des casuistes relâchés, passent à peu près la même déclaration.

Il s'en faut peu que ces autorités ne l'em- portent, chez moi, sur le témoignage de ma raison, et ne m'engagent à décharger l'usure, exercée à l'égard des riches, de l'action in- tentée contre elle au tribunal de la nature.

Leur force s'accroît encore du défaut d'harmonie qui règne parmi les défenseurs rigides du sentiment opposé : les preuves qu'ils
employent sont différentes. Ce qui plaît aux
uns déplaît aux autres. Un savant a osé dire
de toutes, qu'elles sont « si frivoles, si peu
» concluantes, qu'il y a tout lieu d'être sur-
» pris qu'elles aient pu faire quelqu'impres-
» sion sur des esprits sensés ». Il n'a, sans
doute, pas assez médité celle qui me porte
à croire que la nature consultée ne permet pas
plus l'usure à l'égard du riche qu'à l'égard du
pauvre : et c'est à quoi, je pense, qu'on doit
tenir *dans la pratique*, comme au parti du
moins le plus probable et certainement le
plus sûr.

II.

Mais laissons la nature donner sourdement
ses préceptes, et voyons ce que nous enseigne
la loi de Dieu (Nicole ajoute), *expliqués
par la tradition de l'Eglise.* Cette addi-
tion était peut-être nécessaire, le texte de
la loi ne paraissant pas aussi clair , aussi

décisif que se l'imagine la multitude des Théologiens.

Les oracles de l'ancien Testament sont de deux espèces. Les uns, en proscrivant l'usure, ne parlent que des pauvres ; les autres semblent proscrire l'usure en général. Faut-il modifier ceux-ci par ceux-là, ou ceux-là par ceux-ci ? Question embarrassante, si , pour un instant, nous tenons à l'écart l'autorité sacrée de la tradition de l'Eglise.

En effet, on observe que les passages qui paraissent restreindre le crime de l'usure au prêt intéressé fait aux pauvres, sont tirés des livres de la loi ; et que ceux dont l'anathême semble frapper toute sorte d'usure se lisent dans les écrits prophétiques d'Ezéchiel et de David. Or cette observation si simple conduit à un grand résultat. « Le peuple de Dieu, « dit Bossuet, dans tous les temps et dans « toutes les difficultés, ne se fonde que sur « Moïse. Il n'y avait point d'autres livres que « les siens où l'on étudiât les préceptes de « la bonne vie. » Ce divin législateur avait tout prévu. On ne voit pas que les prophètes se mêlassent d'interpréter ses lois ; beaucoup

moins de les étendre, d'y ajouter, de les généraliser, si elles n'étaient que pour des cas
particuliers. Ils se bornaient à en recommander la lecture, l'étude, et à en presser l'exécution. Si donc ils s'élevaient contre l'usure
avec cette véhémence qui caractérisait leur
saint ministère, ce n'était que contre l'usure
aux termes de la loi. Quand David s'écriait :
« Seigneur, qui habitera dans votre taber-
« nacle, » et qu'il répondait : « Celui qui
« n'aura point donné son argent à usure, »
il fallait suppléer : *Au genre d'usure que
prohibe votre loi.* Quand Ezéchiel disait
du père d'un fils usurier : « Est-ce qu'il
« vivra ? » il fallait entendre : *Usurier dans
le sens de l'Exode et du Lévitique.* Les
juifs comprenaient à demi-mot : nous eus-
sions fait comme eux. Si, dans les chaires
chrétiennes, on proclame, en termes géné-
raux, la maxime, « Qu'on ne doit point
« prêter à intérêt, » les auditeurs ne manquent jamais de sous-entendre : *A moins
qu'on n'y soit autorisé par un titre légitime.* Les phrases entières, les axiomes ont
souvent une signification locale et de cir-

constance, qui fait exception aux règles ordinaires.

Il ne faut donc pas généraliser les textes
de la loi de Moïse sur l'usure par les passages des prophètes : il faut, au contraire,
restreindre ces passages par le sens particulier des textes de la loi. Les prophètes, en
proscrivant l'usure sans autre explication,
et d'une manière en apparence générale,
n'auront proscrit que l'usure restreinte aux
cas particuliers, mentionnés dans la loi.*

---

* On propose une difficulté, considérable, au jugement de ceux que le nom seul de *Calvin* effarouche. « Maître Jean Calvin a précisément les mêmes
« idées que vous. Il n'a pas pu les emprunter de
« vous (*qui n'êtes venus qu'après lui ;*) il faut donc
« que vous les ayez prises de lui, ou de quelqu'un de
« ses partisans, à moins qu'on ne dise que les beaux
« esprits se rencontrent. » Nulle part je n'aime ni le
ton dédaigneux, ni une mauvaise plaisanterie. Je les
trouve encore plus déplacés dans un ouvrage que le
sérieux, la gravité doivent recommander en proportion de l'importance du sujet. Mais je veux, surtout,
que la vérité ne soit point blessée ; et le casuiste,
dont j'ai littéralement transcrit les paroles, y donne

Mais la loi de Moïse elle-même n'était-elle pas générale, comprenant les riches aussi bien que les pauvres ? C'est ce que nous allons rechercher.

De fait, il n'est mention que des pauvres

---

une trop forte atteinte, pour que l'impartialité ne la fasse pas connaître. A s'en rapporter au témoignage de cet écrivain, *maître Jean Calvin* ou quelqu'un de ses disciples, aurait seul enseigné la doctrine critiquée ; elle n'aurait le suffrage d'aucun vrai catholique.

Mais cette doctrine, Bossuet ne l'a-t-il pas insinuée ? n'a-t-il pas fait plus que l'insinuer dans le passage que j'ai cité plus haut ? Mais ce casuiste ne devrait il pas savoir que Tostat (surnommé *stupor mundi*) donne la même règle que nous ; qu'il en fait la même application que nous, et qu'il affirme formellement qu'elle est *consacrée par l'usage de tous les écrivains* : le savoir, et ne pas le dissimuler ? Mais ne connaissait-il pas les déclarations de Holden et de M. de Launoi, une fameuse consultation délibérée non à Genève, mais à Paris, en 1735, etc. ? Dans les discussions littéraires, où il est à désirer que tout soit candeur et honnêteté, les réticences sonnent mal..... ; les soupçons inconsidérés et les imputations calomnieuses sonnent encore plus mal.

dans les textes de la loi. — « Oui, répond
« *Grotius* qui tient le sentiment contraire ;
» mais le mot de *pauvre* ne restreint pas la
» loi. C'est un exemple choisi plutôt qu'un
» autre, à cause que les pauvres ont plus sou-
» vent besoin des secours étrangers qu'aucune
» autre personne que ce soit. » Benoît XIV
dit la même chose.

Osons demander à ces deux grands hommes
sur quoi porte leur explication ? demander si
tous les détails de la loi n'excitent pas dans
l'esprit de ceux qui la consultent l'idée de
l'indigence et du malheur ? C'est un *pauvre
peuple* qu'il ne faut point *opprimer par des
usures*. C'est un *frère* dont la fortune s'est
écroulée, et qui ne peut plus *travailler de
ses mains*,.. un frère que des pertes ou son
inconduite ont fait tomber dans la plus af-
freuse *pauvreté......* Pas d'autre motif ; pas
un mot qui généralise la défense. Mon cœur
s'est attendri pour le pauvre ; il se présente,
j'obéis à la loi. Un riche se présente : mon
cœur ne s'est point attendri pour lui ; la loi
ne m'a pas seulement une fois fait songer à
lui.

En général, les lois doivent être énoncées clairement, ne rien laisser à deviner. Si les législateurs humains l'oublient quelquefois, Dieu s'en soûvient toujours, et n'y manque jamais. D'ailleurs, les Juifs, par habitude et par caractère, s'attachaient scrupuleusement à la lettre de la loi. Ils n'avaient que Moïse, surtout avant que les prophètes eussent parlé. On pourrait les supposer capables de ce raisonnement : « Il nous est défendu de prêter » à usure aux riches; donc nous sommes » obligés de prêter sans intérêt à notre frère » pauvre. » L'*à fortiori* est de toute évidence ; mais ni eux, ni personne, je pense, ne construira cet autre raisonnement : « Il nous est » défendu de prêter à usure à nos pauvres » frères ; donc nous sommes obligés de prêter » sans intérêt à nos frères riches. » L'*à pari* est une inconséquence manifeste.

Les Théologiens qui adoptent l'explication de Grotius et de Benoît XIV peuvent alléguer en leur faveur un endroit du Deutéronome que voici : « Vous ne prêterez à usure à votre » frère ni de l'argent, ni du blé, ni quel- » qu'autre chose que ce soit; mais à l'étranger.

« Vous prêterez à votre frère ce dont il a
» besoin, sans intérêt. » Ici, il n'est pas exclusivement question d'indigent ni de malheureux : les paroles, *ce dont il a besoin*, ne
désignent pas nécessairement un besoin de
pauvreté, mais, un besoin de circonstances
quelconques. De plus, ces mêmes paroles ne
sont ni dans le texte original, ni dans la
version des Septante, ni dans la paraphrase
d'Oukélos, *etc*. Elles ne peuvent donc nuire
à la généralité de la loi. En les suppri-
mant, la loi défend l'usure à l'égard de
tous les juifs, *de tous les frères*, pauvres ou
riches.

Le passage cité conduit naturellement à
une réflexion qui semble établir victorieuse-
ment la généralité de la défense, en l'étendant
à tous les *frères*, tous les juifs. Qu'elle prohibe
l'usure exercée à l'égard des pauvres, c'est ce
que personne ne conteste ; mais à l'égard des
riches, aussi peut-on dire : remarquez que
Dieu permet aux juifs, à l'égard de l'*étranger*,
ce qu'il défend à l'égard du *frère* ; de sorte
qu'en déterminant ce qu'il permet pour l'é-
tranger, on connaîtra aussitôt ce qu'il défend

pour le frère. Or, il n'est pas croyable que Dieu permît aux juifs l'usure à l'égard du *pauvre étranger*. Il put, en donnant une loi particulière à son peuple, resserrer les liens qui en unissaient les membres ; mais il ne rompit pas ceux qui attachaient les juifs à l'humanité tout entière. Il faut donc que ce que Dieu permet soit l'usure à l'égard de l'étranger riche ; et , par conséquent, ce que la loi interdit aux juifs est l'usure à l'égard du frère riche , ou l'usure en général , sans distinction de riches et de pauvres.

On croit échapper à cet argument, en disant avec Charles Dumoulin, et quelques théologiens, que Dieu ne permet pas l'usure à l'égard du riche étranger ; que le sens du texte de la loi est : « Vous prêterez à votre frère sans in- » térêt. Lui prêter à usure serait le traiter » *comme un étranger,* comme un homme » qui ne vous serait rien. » Cette solution a deux défauts : le premier, que le commentaire contredit toutes les versions et presque tous les interprètes ; le second, qu'elle insinue elle-même la permission de prêter à intérêt à l'homme étranger, qui n'est pas un frère pour le prêteur qui ne lui est rien.

Je me sens très-porté vers le sentiment qui attribue au texte du Deutéronome une généralité absolue, je veux dire qui étend la défense de l'usure jusqu'aux prêts qu'on ferait aux riches, ou plutôt, qui n'y admet pas cette distinction de riches et de pauvres, qui n'y voit enfin que la prohibition pure et simple du *prêt usuraire.*

Objectera-t-on qu'il faut ou du moins qu'on peut modifier, restreindre le texte du Deutéronome par ceux du Lévitique et de l'Exode, comme nous avons observé qu'il fallait ou qu'on pouvait modifier et restreindre, par les livres de Moïse, les passages de David et d'É_zéchiel ? Je répondrai que la différence est sensible. Le Deutéronome est un livre de Moïse, un livre légal, aussi-bien que les deux autres qui le précèdent. S'il en est l'abrégé, il peut également en être l'interprète et le supplément. A ce titre, il aura généralisé ce que les deux autres livres n'avaient dit que pour un cas particulier; il aura statué *aussi pour le riche,* ce que les deux autres n'avaient établi

*

que pour le pauvre. Quand plusieurs lois re-
latives au même sujet se suivent les unes les
autres, ce sont les dernières qui expliquent,
fixent le sens des précédentes, et non les pre-
mières, le sens de celles qui sont venues
après. Or, le Deutéronome a, pour ainsi dire,
clos et fermé le code mosaïque.

Tenons donc que la divine législation de
Moïse interdisait aux juifs toute espèce d'u-
sure à l'égard de leurs *frères* riches et pauvres.
Il y a même des rabins qui excusent celle que
les hommes de leur nation exercent à l'égard
des chrétiens, non parce qu'elle leur est directement permise, mais comme représailles,
ou la poursuite d'une juste indemnité. « Que
» les chrétiens, leur fait dire un auteur plus
» fameux que célèbre, cessent de nous traiter
» comme des bêtes, de nous faire payer sur
» les ponts..., de nous vendre l'air que nous
» respirons.....; nous ne ferons plus l'usure,
» et nous les traiterons à notre tour comme
» notre prochain ! »

Au reste, cette obligation judaïque nous
est étrangère, si le divin Législateur de la religion chrétienne ne nous y a pas assujettis :

efforçons - nous de découvrir ce qui en est.

III.

Jésus-Christ, dans le cours de sa vie publique, n'a dit qu'un mot sur le prêt. On le lit en Saint-Luc, chap. VI : « Prêtez, sans en rien espérer ; » *mutuum date, nihil indè sperantes.* Quoi de plus précis, de plus clair! « Non-seulement n'exigez pas un intérêt pour » l'argent prêté, mais n'ayez pas même l'es- » poir qu'en vous rendant le *principal,* on » y ajoutera quelque chose de plus par recon- » naissance..» Ce commentaire n'est-il pas naturel? Les paroles du Sauveur ne recommandent-elles pas ce développement? ne faut-il pas que les partisans du prêt usuraire contestent à Jésus-Christ son pouvoir de législation, ou qu'ils reconnaissent enfin que leur sentiment et les conséquences pratiques qui en résultent sont proscrites par une autorité divine.

Les théologiens, que les rigides appellent *relâchés,* ont imaginé cinq réponses pour se soustraire à cet argument.

La première : La Vulgate est défectueuse dans la traduction de cet endroit de l'Évangile ; elle en altère le sens. *Mutuum date, neminem desperantes :* voilà comme il fallait traduire. Le mot grec *apelpizontes* est le participe d'un verbe qui, dans les auteurs sacrés et profanes, n'a jamais signifié que *désespérer*. Aussi trois versions respectables favorisent ouvertement cette explication. Disons donc que ce verset, dont on fait tant de bruit, ne renferme qu'un précepte de *prêter* à l'indigent, sans le *désespérer* par de perpétuels refus. Jésus-Christ n'a en vue que l'action de prêter ; il ne s'occupe point de l'intérêt. Cette doctrine semble confirmée par un mot qu'on lit en Saint-Mathieu, chap. 5. « Donnez à celui qui vous demande, dit le » Sauveur, et ne refusez pas celui qui désire » que vous lui prêtiez. » *Qui petit à te ; da ei : et volenti mutuari à te , ne avertaris.* Quand cette explication ne serait pas absolument certaine, on avouera, sans doute, disent les mitigés, qu'elle est plausible ; et il n'en faudrait pas davantage pour enlever à la morale sévère le fruit qu'elle prétend tirer de sa citation.

La seconde : Ce *mutuum date*, etc., n'est qu'un conseil de perfection ; du moins rien ne prouve que ce soit un précepte de rigueur. Lisez avec attention le chapitre entier, et vous apercevrez, au premier coup-d'œil, que tout ce qu'on y recommande n'est pas d'obligation. Par exemple, au verset 29 : « N'empêchez » pas celui qui dérobe votre habit de prendre » aussi la tunique. » Et les deux parties du verset 30 : « Donnez à quiconque vous de- » mande; et ne redemandez pas vos propriétés » à celui qui s'en est emparé. » Personne n'o- serait soutenir que ces endroits de l'Evangile imposent un devoir à remplir sous peine de péché ; on a même quelque peine à com- prendre que ces conseils soient toujours pra- tiquables. En vertu de quoi le *prétez sans in- térét ?* ne pourra-t-il pas être mis sur la même ligne, n'être qu'un conseil ? *Voulez-vous être parfait, prétez, et que ce soit sans intérét.*

La troisième : L'argument tiré du passage de S.-Luc, entendu dans le sens des casuistes sévères, irait beaucoup trop loin, prouverait trop. Il prouverait non-seulement qu'il y a obligation de ne point *exiger* de l'intérêt d'un argent prêté à un homme opulent qui en augmentera sa fortune par des acquisitions, des remboursemens, le commerce, etc; mais encore qu'on se rendrait *coupable de la violation d'un précepte divin*, si l'on espérait de ce *Crésus* quelques légères marques de sa reconnaissance.

La quatrième : Le précepte de l'Evangile (supposé qu'il y ait précepte) ne regarde que les pauvres. On entrevoit dans les paroles de J.-C. 1°. l'ordre de prêter; 2°. l'ordre de prêter gratuitement. Le premier ne peut avoir que les pauvres pour objet; car Dieu, sans doute, n'ordonne pas de prêter à un riche, à un homme qui n'est pas *dans le besoin*, ou qui n'éprouve qu'un besoin de fantaisie, de cupidité : donc l'ordre de prêter gratuitement et sans intérêt ne concerne aussi que les pauvres, qui ont de *vrais besoins*, et ne peuvent y pourvoir qu'avec la charité d'un prêteur. Ce syllogisme parait régulier : « Dieu ne commande de prêter sans « intérêt qu'en faveur de ceux auxquels il « veut positivement que l'on prête : — Or « les pauvres sont les seuls auxquels il veut

« positivement que l'on prête. — Donc ils
« sont aussi les seuls auxquels il veut qu'on
« prête sans intérêt. » Ce raisonnement est
du moins spécieux.

La cinquième : Elle se forme des parties
rapprochées du chapitre de St.-Luc. Si vous
aimez ceux qui vous aiment, dit le Sauveur
à ses disciples, quel gré vous en saura-t-on ?
Si vous faites du bien à ceux qui vous en
font, quel gré vous en saura-t-on ? « Si vous
« prêtez dans l'espérance de recevoir le même
« service, quel gré vous en saura-t-on,
« *quæ gratia est vobis ?....* Aimez vos en-
« nemis sans espérer que l'on vous aime ; faites
« du bien sans espérer que l'on vous en fasse ;
« prêtez sans espérer que l'on vous prête,
« *nihil indè sperantes.* » Car trois mots in-
fluent sur tout ce qui précède, et le modi-
fient. Il ne s'agit point d'usure dans le dis-
cours de J.-C. ; mais d'amour, de bienfai-
sance, de services que les méchans et les
ingrats, sans cesser de l'être, ont droit d'at-
tendre des disciples de celui qui fait luire son
soleil sur tous les hommes.

Que dire de ces différentes solutions que la

cupidité, qui respecte encore l'Ecriture, a imaginées pour se soustraire à une minorité qu'elle n'a pas même le dessein de méconnaître? Aucune ne me paraît absolument dénuée de vraisemblance ; mais aussi rien n'établit certainement la vérité d'aucune. Leur ensemble répand l'incertitude sur la manière dont il faut entendre les paroles de Jésus-Christ. Est-ce un conseil qu'elles renferment? est-ce un précepte? y est-il question de l'usure? et, supposé qu'elles aient l'usure pour objet, supposé qu'elles la proscrivent, la condamnent-elles exercée à l'égard du riche, comme elles la condamnent exercée à l'égard du pauvre?... Laissons de côté notre raison, et, à sa place, écoutons *la tradition de l'Eglise.* C'est à elle qu'il appartient de dissiper les doutes, et de montrer le sens de la loi.

IV.

Mais la *tradition* a-t-elle parlé? la tradition enseigne-t-elle que la loi de Dieu défend le prêt intéressé en général, et à l'égard de tout homme qui emprunte? Benoît XIV l'as-

sure : quel témoin ! Et Saumaise en convient :
quel aveu !

Cependant les casuistes mitigés (ou, comme
d'autres les appellent, *relâchés*) ne consen-
tent point à remettre la décision de cet inci-
dent entre des mains, d'une part, si respectables, de l'autre, si désintéressées. Ils trou-
veront de l'hyperbole dans le témoignage du
pontife, de l'insouciance dans la confession
protestante. L'un, selon eux, a conjecturé que
le fait de la *tradition contraire à tout prêt
intéressé* était tel qu'il le donnait, parce que,
suivant ses idées, il ne se pouvait qu'il en fût
autrement ; l'autre, peu jaloux de marcher
sur les traces de la vénérable antiquité, a reconnu, sans beaucoup d'examen, que tous
les P P. étaient contre lui, se faisant peut-
être une espèce de mérite de les contredire.

Quoi qu'il en soit, aux assertions générales
des rigides les défenseurs de l'usure partielle
opposent une réclamation qui n'est pas moins
générale qu'elles. « Tous les pères, disent-
ils, ont reconnu que, dans le texte de Saint-
« Luc (*et il est unique dans l'Évangile*), Jé-
» sus-Christ n'avait eu en vue que les pauvres,

» et même ceux qui sont entièrement insol-
» vables.» (Traité *des prêts de Comm.*,p. 2,
§. 2, art. 1, chap. 4.)

Ne soupçonnant la bonne foi de personne,
et voyant, des deux côtés, la possibilité de se
tromper, nous allons parcourir les cinq ou six
premiers siècles qui se sont écoulés depuis
l'établissement du Christianisme, consulter en
détail les écrits des **SS.** Docteurs, les canons
des conciles. Un sentiment qui commencerait
plus tard pourrait être vrai, mais ne serait
plus *de tradition.*

Saint-Justin ne voit dans les paroles de Jésus-Christ, rapportées par Saint-Luc, qu'un
précepte qui oblige à la miséricorde. (*apo-
log.* 1.)

Saint-Clément d'Alexandrie dit « qu'il n'est
« pas juste de retirer des intérêts de l'argent.»
Ce qui semble général, les mitigés aperçoivent une restriction dans ce qui suit immédiatement : «qu'il faut, au contraire, le ré-
» pandre, à pleines mains et de bon cœur,
» dans le sein des indigens. » (*Stromat.*2.)

Tertullien est plus précis : il cite le passage
d'Ézéchiel, sans le modifier, et dit en propres

termes que « le surplus de l'argent prêté est une usure. » (L. 4, *contra Marc.*, *chap.* 17.)

Saint - Cyprien rapporte aussi, sans le moindre adoucissement, les textes de David et d'Ezéchiel. (L. 3, *ad Quir.*)

Arnobe (L. 2, *contra gentes*), et Lactance (*Instit.* L. 6, *cap.* 18), parlent de ces usuriers qui mettent à profit les malheurs du prochain, et qui « se nourrissent du sang des misérables. »

Eusèbe de Césarée proscrit l'usure d'une manière générale. (*in psalm.* 14.)

Saint-Hilaire recommande de ne pas donner son argent à usure, parce que, dit-il, « la pau- » vreté de votre frère, pour qui Jésus - Christ » est mort, ne doit pas être votre trésor. » (*in psalm.* 14.)

Saint-Athanase, où un auteur inconnu sous son nom, est vague au point de ne pouvoir rien appuyer sur sa decision. (*ad monach.* N. 3.)

Saint - Basile, qui a écrit très - fortement contre l'usure, fait presque toujours entrer dans ses tableaux l'indigence et le malheur. On cite néanmoins deux endroits de ses ouvrages, où il paraît contraire à l'opinion mi-

tigée. « Donnez l'argent qui demeure inutile
» dans vos coffres ; mais ne le rendez pas
» onéreux par des usures. Par là, vous ferez
» l'avantage du débiteur et le vôtre. Vous met-
» trez votre argent en lieu de sûreté (*paroles,*
» dit-on, *qui insinuent que l'emprunteur*
» *est riche*) : ce *lieu de sûreté* pourrait bien
être le ciel, et le débiteur profitera de son
usage. (*in psalm.* 14.).... Il enseigne qu'on
peut promouvoir au sacerdoce un usurier péni-
« tent, pourvu qu'il distribue aux pauvres le
» profit injuste qu'il a fait. (*ad Amph.* can.
14.) La règle est générale.

Saint-Grégoire de Nysse condamne l'usure,
en supposant assez clairement que l'argent
avait été prêté à un marchand qui le négociait
en pays étranger, ou du moins à un homme
accommodé des biens de la fortune. (*Orat.*
contra Usur.)

Saint-Grégoire de Nazianze ne fait que dé-
plorer le sort de ceux que l'usure opprime.

Saint-Jean Chrysostome s'exprime sur l'u-
sure en orateur qui cherche à remuer l'âme
de son auditoire. Il ne trempe point ses pin-
ceaux dans les sueurs du riche qui emprunte

et se fatigue pour s'agrandir, mais dans le sang des malheurenx que verse l'usure « plus » cruelle que les voleurs et les homicides, » plus inhumaine que ces hommes vils dont » l'avarice viole les tombeaux. » (*Homil. in cap. ıı et cap. ı7. S^{ti}. - Matth.*) Il y a quelques expressions qui semblent conserver toute leur généralité.

S. Ambroise a beaucoup écrit contre l'usure (L. de *Tobiá passim.*); mais il est dans ses ouvrages peu d'endroits que les anti-rigides n'expliquent pas assez commodément.

Saint - Augustin est rempli d'anathèmes contre l'usure qu'il est bien difficile, et ce semble peu raisonnable de limiter; cependant le **P.** Desmares veut que le saint docteur n'ait eu en vue que l'usure qui incommode le pauvre, et qui le rend plus pauvre qu'il n'était auparavant.

« Augmenter ses biens par l'usure, dit saint Paulin de Nôle (*epist.* 2), c'est, aux yeux de Dieu, un crime qui mérite punition.

Je pense qu'on ne peut rien conclure de ce que disent Artérius, Sulpice - Sévère, Saint Clément d'Alexandrie , non plus que d'une belle déclamation de Saint-Maxime.

Théodoret, dans ce qu'il écrit sur l'usure, ne parle ni des riches ni des pauvres ; de même St. - Pierre -Chrysologue. Ils sont donc contre toute espèce d'usure.

» Nous ne devons, dit le grand St-Léon, » exercer aucune autre espèce d'usure que celle » qui consiste à espérer de Dieu, dans la vie » éternelle, le centuple de ce que nous aurons » donné miséricordieusement sur la terre ». Sans ce *miséricordieusement* l'assertion aurait l'étendue la plus générale ; mais ce mot semble la restreindre à l'usure exercée à l'égard des pauvres. Le prêt fait à un riche n'est point un acte de *miséricorde*.

On peut juger de toute la *Tradition des Pères* par ce que nous en avons montré. Voyons maintenant *celle des Conciles*.

Les canons publiés sous le nom des Apôtres et le concile d'Arles, en 314, ne parlent que des clercs usuriers. Le concile d'Elvire condamne l'usure en général.

Le grand concile de Nicée ; celui de Laodicée, qui en est comme l'abrégé ; l'église d'Afrique, dont les canons de discipline ont joui d'une si haute considération; le concile *in Trullo*; ceux de Tours, d'Orléans, de Tarragone, de Mayence, de Rheims, et la plus grande partie des autres qui les suivirent, ne sévissent que contre les usuriers engagés dans la cléricature; et plusieurs d'entre eux n'étendent leurs défenses et la peine de déposition qui les accompagne qu'aux *clercs majeurs*, c'est-à-dire aux évêques, aux prêtres et aux diacres.

Inférerons-nous de cette circonspection, de ces ménagemens, que les conciles permettaient aux laïcs d'exercer l'usure? Il est constant que des raisons particulières auraient pu engager ces pieuses et savantes assemblées à interdire aux ministres de la religion un *lucre* qu'elles eussent toléré dans les classes mondaines et séculières. C'est ainsi que le commerce fut défendu aux ecclésiastiques, ou renfermé, pour eux, dans des bornes plus étroites : ainsi qu'on leur ferma l'entrée de certains lieux publics, qui demeurèrent ouverts aux chrétiens ordinaires : ainsi encore, que la chasse, amusement permis, pourvu qu'il soit modéré, fut rayé du catalogue de leurs amusemens.

Aussi, les casuistes mitigés se fondent-ils sur ces comparaisons, pour conserver aux personnes du monde la faculté de prêter avec intérêt, non pas aux pauvres, mais aux riches, ou à ceux qui paraissent et prétendent l'être.

Je dois à la vérité ce témoignage, et je le lui rends bien volontiers, qu'il est beaucoup plus probable que les conciles voulaient, par une sage retenue, ne pas se commettre avec la Puissance civile, qui tolérait ou même protégeait ouvertement les pratiques usuraires; mais qu'ils manifestaient indirectement leur improbation, en les punissant si sévèrement dans les membres du clergé. Quelques mots, qu'on dirait leur échapper malgré eux, établissent fortement cette conjecture. « Ne doit-on pas » condamner dans des personnes consacrées à » Dieu, disait Aurélius, surnommé le *père* » *des conciles*, ce qu'on ne saurait s'empê-» cher de blâmer dans les personnes séculiè-» res ? » Et l'église d'Afrique adoptait cette belle maxime. Les conciles appellent l'usure, qu'ils interdisent aux ecclésiastiques, une *avarice* sordide, un *gain honteux*; ils la déclarent contraire aux *saintes écritures*, aux *pro-*

phètes, à l'*Evangile*. Se persuadera-t-on que ces saintes assemblées croyaient que les chrétiens du monde pouvaient impunément violer de si respectables autorités ? osera-t-on le dire, le penser ?

Mais, d'un autre côté, comment arrivait-il que les évêques eussent pour les gens du monde et pour les pratiques anti-chrétiennes une sorte de complaisance, des ménagemens qu'il serait difficile de leur pardonner ? La prudence, la crainte de produire un plus grand mal, commandent quelquefois le silence. On attend une circonstance favorable ; on va au bien par degrés. Aussi les ménagemens disparurent peu-à-peu. Les conciles mirent les usuriers sur la même ligne que les concubinaires. Il fut enjoint de refuser à leurs dépouilles mortelles les honneurs de la sépulture ecclésiastique. Le nouveau Droit se forma, et fut, pour l'usure et ses partisans, encore plus inexorable que l'ancien.

Pour conclusion, je m'arrête à ces trois points.

1°. La sainte Ecriture, si l'on ne considère qu'elle, ne paraît pas étendre textuellement

la défense de l'usure aussi loin que le prétendent les Théologiens sévères : non qu'elle la
permette à l'égard du riche; elle n'en parle
pas.

2°. Les Pères et les conciles des premiers
siècles n'ont, en grande partie, envisagé l'u-
sure que par rapport aux pauvres. De leur
temps elle ne s'exerçait qu'à l'égard des indigens, de manière qu'ils n'avaient rien à sta-
tuer sur cette pratique par rapport aux riches.

3°. L'analogie de leurs principes, des expressions générales dont ils se servent quelquefois, ou même assez souvent, la tradition
orale parvenue jusqu'à nous, tout semble
persuader que, s'ils eussent vécu dans un siècle
où les hommes, non contens d'emprunter
pour leurs besoins réels, eussent employé le
même moyen pour satisfaire des besoins de
fantaisie, ou même pour s'enrichir, ils auraient
tous également réprouvé l'usure mitigée de
cet emprunt intéressé. Les Pères et les conciles
auraient tous dit : Ou ne prêtez pas, ou prêtez
sans intérêt.

V.

L'intérêt perçu de l'argent prêté peut-il être justifié par quelques circonstances particulières ?

Les SS. docteurs ne nous parlent pas de ces *titres* que l'on prétend *justificatifs* de l'intérêt exigé par le prêteur ; et cela prouve, je pense, qu'aux premiers siècles du christianisme, l'usage de l'argent n'était pas tout-à-fait tel qu'il devint dans la suite, et qu'il est encore aujourd'hui.

L'usure, proprement dite, est ce que l'on perçoit au-delà de la somme prêtée, sans autre titre que l'usage de cette somme que le prêteur abandonne temporairement à l'emprunteur : *pretium usus pecuniæ mutuatæ*, dit Dominique Soto ; *Lucrum ex mutuo principaliter intentum*, dit saint Antonin. Ce mot *principaliter* est remarquable. Il suit de cette notion, à laquelle toutes les autres se rapportent, si l'exactitude les accompagne, que si le prêteur a un autre titre pour exiger un intérêt de l'argent prêté, le *lucre* n'est plus usuraire.

Mais pour que ce titre opère une pleine justification, il faut qu'il soit réel et légitime. Fantastique, sa présence et son intervention laisseraient l'œuvre ce qu'elle serait sans lui; immoral, sa présence et son intervention ne feraient, tout au plus, que substituer un délit à un autre.

Examinons donc avec toute l'attention et l'impartialité dont nous sommes capables, les *titres* qui se produisent comme innocentant un intérêt plus ou moins considérable, exigé par le prêteur, en sus de la somme déboursée qu'on doit lui rendre.

Celui de tous qui se montre avec le plus de confiance, glorieux d'avoir réuni en sa faveur, et, pour ainsi dire, sur sa tête, les opinions de toutes les écoles modernes (celle de Scot exceptée,) est ce qu'on appelle le *profit cessant* et le *dommage occasioné*. On sépare quelquefois ces deux idées, et on compose deux titres différens; je crois qu'au fond c'est la même chose qui réclame la compensation d'un tort, ou une indemnité.

L'intérêt stipulé, dans ce cas-là, n'est point usuraire, car ce n'est point à cause du prêt que l'on convient du payement d'une somme qui dépasse le capital , mais à cause qu'il faut au prêteur un dédommagement pour ce que le prêt lui fait perdre ou l'empêche de gagner. De plus, cet intérêt est légitime : généralement parlant , on ne peut être obligé de rendre service à son détriment.

Je possède vingt mille francs, et j'étais au moment de conclure le marché d'une acquisition avantageuse , qui me procurait de l'aisance , ou même qui était nécessaire à mon entretien, à mes besoins : un ami me demande de lui prêter cette somme ; j'y consens , sous la condition qu'annuellement , et jusqu'à ce que la somme me soit rendue , il me fera *l'avantage* que mon acquisition m'eût annuellement procuré. Voilà une opération proclamée juste par tout le monde. Seulement on y met quelques conditions que nous allons examiner.

1°. Dit-on , « le prêt doit être la véritable » cause de la privation du gain ? « — Sans doute ; comme il doit être aussi la véritable cause du dommage occasioné. Mon ami a besoin de vingt mille francs. Il ne connaît point le banquier qui, moyennant salaire, ne laisse personne dans l'embarras, ou il a des raisons pour n'en être pas connu. Il me prie d'emprunter la somme comme pour moi, et de la lui prêter ensuite. Je lui rends ce service d'amitié : ne puis-je pas exiger que, outre la somme empruntée, il me donne l'intérêt que je paierais au banquier ; ne me le doit-il pas ?

2°. « Il faut, dit-on, que celui qui prête » avertisse l'emprunteur qu'il ne peut lui » prêter sans se priver du gain. » — Cet avertissement ne me paraît nécessaire que pour éviter le scandale, empêcher que *mon ami* ne me regarde comme un usurier. Je l'omettrais, que l'intérêt stipulé n'en serait pas moins légitime, moins dans les règles de la justice et de l'équité naturelles, puisque la réalité de mon titre n'en dépend pas, et que mon silence, à cet égard, n'augmente ni ne diminue ma perte. Au surplus, rien de plus facile que de dire à l'emprunteur : « l'intérêt que j'exige de vous est l'équivalent » de ce que vous me faites perdre ; » mais je ne conviens pas que ce soit une condition rigoureuse de légitimité.

3°. « Celui qui ne gagne pas, à cause qu'il
» prête son argent, n'est pas en droit d'exiger
» de celui à qui il prête tout le gain qu'il
» aurait pu faire. » — Mais d'abord *il est en
doit d'exiger* tout l'équivalent du dommage
que le prêt lui a occasioné. Si le banquier
auquel j'ai emprunté pour prêter à mon ami
a voulu six ou sept du cent , même davantage , et qu'il m'ait fallu condescendre à sa
volonté , sans quoi l'emprunt n'aurait point
eu lieu, j'aurais droit d'exiger , en prêtant,
ce que l'on a exigé de moi lorsque j'ai emprunté. De la part du banquier, l'intérêt fut
usuraire , parce qu'il n'était fondé que sur le
prêt ; de ma part , il ne l'est pas , parce que,
dans mon opération, il est fondé sur le *dommage* qu'elle m'occasione , et qu'on me doit
une indemnité égale à la dette que j'ai contractée pour obliger.... Ensuite , si je n'ai
pas droit d'exiger tout le profit que j'aurais pu
faire , parce qu'il n'est pas certain que je
l'eusse fait, on me doit tout celui que j'aurais
certainement fait. Or , cette certitude, il
est quelquefois possible de l'avoir. Quand
mon ami m'a demandé le prêt de mes vingt

mille francs, on m'offrait une partie de marchandises de pareille somme, pour laquelle
une autre personne me donnait cinq ou six
pour cent de bénéfice.... Enfin le profit qu'on
peut avoir de son argent dans une circonstance, peut être mis à prix par les experts.
Avec mes vingt mille francs je faisais telle
spéculation : quel profit pouvais-je raisonnablement *espérer* ? Et ce profit, *raisonnablement espéré*, si je le vendais actuellement,
quelle serait sa valeur ? combien me le paie-
rait-on ? En prenant le terme moyen ou le
minimum de cette estimation, ce sera la
quotité de l'intérêt que j'aurai *droit d'exiger*.

4°. « Si l'on prête à un pauvre, dans un
» pressant besoin, il n'est pas permis de faire
» valoir contre lui la raison du *lucre ces-*
» *sant*, pour rendre le prêt intéressé ; il faut,
» en ce cas, prêter gratuitement. » C'est le
sentiment de Sylvius et de beaucoup d'autres,
qui, s'ils sont conséquens, ne manqueront
pas de dire la même chose du dommage occasioné. Il me semble que, si la maxime est vraie
quelquefois, et doit alors être suivie dans la
pratique, elle manque de vérité en plus,

d'une circonstance, et n'y fera pas règle de conduite. N'est il pas possible que le prêteur ait lui-même un besoin essentiel de tirer un profit de son argent, de l'employer de manière à y trouver une partie de sa subsistance, de son entretien ? Il sera aussi pauvre que le pauvre qui emprunte et auquel il prête ; il pourra l'être davantage, s'il se borne à un prêt pur et simple, qui ne mette pas un sou dans sa maison. En pareil cas, si vous lui interdisez l'usage du titre *lucrum cessans* et *damnum emergens*, il ne prêtera point ; il disposera de son argent par un placement utile, et qu'il serait injuste de censurer ; car charité bien ordonnée commence par soi-même et les siens. Et qu'arrivera-t il ? Que le pauvre emprunteur, qui eût obtenu un grand soulagement d'un prêt modérément intéressé, continuera d'être en proie à toutes les horreurs d'une misère qu'on pouvait adoucir. Il faut donc au moins restreindre la maxime de Sylvius et des théologiens qui pensent comme lui, ne soupçonnant pas que leur sentiment est le résultat d'une fausse compassion. Je la nomme *fausse* quand elle est générale : montrons par un exemple que je l'ai bien nommée. J'ai 20,000 fr., produit d'une rente à cinq du cent qui vient de m'être remboursée. L'intérêt annuel de cette somme m'est d'une absolue nécessité; s'il me manque, le nécessaire me manque. *Mon ami* (un pauvre) me la demande à emprunter. Voici quelle est sa situation : il fait à un usurier une rente de pareille somme qu'il en a reçue à dix du cent. Tant qu'il paiera cette usure exorbitante, il n'a pas de quoi vivre. Si elle était réduite à moitié, il aurait du pain. « Prêtez-moi vos » vingt mille francs, me dit-il ; je rembour- » serai mon corsaire. Je vous ferai l'intérêt » de cinq pour cent ; ce qui vous donnera an- » nuellement votre somme de cent pistoles, » dont vous avez besoin. Vous m'aurez singu- » lièrement obligé, sans qu'il en soit résulté » aucun dommage pour vous. » Je cède; je fais le prêt de mes vingt mille francs, persuadé que mon action est conforme en tout aux règles de la justice et de la charité. Disons donc que, s'il n'est pas permis de faire valoir contre un pauvre le titre du *lucre cessant* et du *dommage occasioné*, en lui prêtant à in-

térêt, ce n'est que lorsque le prêt augmenterait le malheur de sa position en augmentant
ses charges, sans accroître ses moyens ; mais
qu'il en est tout autrement, si le prêt, quoiqu'intéressé, diminue ses charges, et lui procure des moyens qu'il n'aurait pas sans lui.

5°. « Il n'est pas permis de se faire payer
» l'intérêt de la somme qu'on prête, au mo-
» ment même qu'on la prête. » — Pourquoi?
si la perte que j'éprouve est actuelle (et elle
peut l'être), par quelle raison le dédommagement doit-il être retardé? La cinquième condition me paraît donc susceptible d'être ainsi
modifiée : *L'intérêt de la somme prêtée ne
serait pas légitimement perçu au moment
où l'on prête, à moins qu'à ce moment même
le dommage, le tort ne fût supporté.* Et,
pour que toute justice fût faite, je soutiendrais
de même que l'intérêt ne pourrait pas être
exigé au bout de l'an, si le dommage, le tort
n'avait lieu que deux ans après le prêt.

6°. « Le dédommagement ne doit pas aller
» au-delà du taux de l'ordonnance. » — Je
demanderai encore *pourquoi*, si la lésion que
j'éprouve pour obliger est plus considérable

que ce que l'ordonnance m'accorde? Vous voulez donc, dirai-je, que je ne prête pas; et alors ce n'est pas à moi que nuit votre rigorisme, mais à celui *qui est dans le besoin*, et veut emprunter. Je sais parfaitement que, si mon débiteur refuse de me payer, et que j'aie recours à la justice, il ne me sera alloué que ce que porte l'ordonnance. Le législateur ne considère que le prêt, et ce n'est point au titre du prêt que je stipule un intérêt; c'est au titre de *ce que je perds* pour prêter, chose que la loi ne considère pas, parce que cette chose est trop variable, trop individuelle, que souvent il serait impossible de la mettre en évidence, d'en fournir la preuve. C'est à ma conscience seule qu'il appartient de prononcer sur la réalité et sur l'étendue de ce moyen.

7°. « L'occasion du gain doit être présente » ou actuelle. » — Oui; car il ne peut y avoir *lucrum cessans*, s'il n'y a pas *lucrum existens*. Mais cette présence et cette actualité doivent se prendre moralement. On peut tous les jours entreprendre un commerce, former une société, acheter un immeuble, se créer une rente constituée, etc.; et l'intention bien vraie, bien constante d'employer son argent à quelque chose de semblable, rend le *lucre* en quelque sorte *présent*, à l'instant même que l'on prête. Au reste, si l'on s'obstinait à soutenir que le gain n'est pas actuel, et, par conséquent, que ce titre, légitime en lui-même, n'autorise pas ici l'intérêt de l'argent prêté, je ne disputerai pas là-dessus, je laisserai dire ; mais je demanderai si le *dommage occasioné* n'est pas actuel, s'il n'est pas présent, quoiqu'il soit vrai que le *lucre* n'a pas cessé. Si je prête l'argent dont je me proposais de faire un emploi utile ou même nécessaire à mes besoins, je ne puis plus, *dès-à-présent*, « entreprendre un commerce, former « une société, acheter un immeuble, me « créer une rente constituée, etc. : » n'est-ce pas un dommage ? Le prêt n'en est-il pas la cause ? J'ai donc le droit d'exiger une indemnité : je la trouve dans l'intérêt de l'argent prêté ; il est légitime comme elle.

Mais les prêteurs à intérêts ont-ils, ou plutôt avaient-ils cette intention de placer utilement leur argent, quand on vient le leur emprunter ? Ma réponse sera simple. S'ils ne l'ont pas, prononcez sur leur compte et sur leurs opérations ce qu'il vous plaira : il demeurera toujours vrai que ceux qui ont cette intention sont parfaitement en règle, et que l'intérêt par eux exigé n'est point usuraire.

Je penserais qu'on peut et qu'on doit distinguer ici deux sortes d'intentions : l'une formelle, explicite ; l'autre équivalente, implicite ou interprétative. La plupart des prêteurs dont il s'agit n'ont pas la première intention ; ils ne songent positivement ni à se procurer des immeubles productifs de revenu, ni à entreprendre un commerce seuls ou en société, etc ; l'idée ne leur en vient pas. La facilité du prêt ouvert à tout le monde, satisfaisant leurs vues justement intéressées, et, par eux, réputé légitime, cette facilité écarte de leur esprit toutes les autres idées qu'ils pourraient avoir. Mais on ne saurait contester que leur intention dominante, ne soit de retirer profit de leur argent d'une manière quelconque. S'ils préfèrent le prêt, c'est que ce mode se trouve à leur portée, qu'il leur semble plus simple, plus avantageux, et que, chemin faisant, on oblige celui que les circonstances contraignent d'emprunter. Persuadez-leur que le prêt intéressé est illégitime, aussitôt ils auront recours à un autre moyen de faire valoir leur argent : preuve que leur principale volonté était d'en faire un emploi utile, et que le prêt qu'ils ont consenti, ou même offert, n'était que l'application de cette volonté générale à un cas particulier. S'ils prêtaient sans intérêts, il y aurait dommage pour eux, du moins ce dommage que les théologiens appellent *interpretativum*, titre suffisant pour justifier l'intérêt de l'argent prêté, au jugement même du sévère auteur des *Conférences de Paris*, sur l'usure.

Si pourtant l'intention vague de tirer parti de son argent d'une manière légitime, ne suffisait pas à un prêteur pour justifier l'intérêt qu'il stipule et qu'il perçoit; qu'il lui fallût une intention spéciale et développée, lors même qu'un besoin rigoureux lui commande impérieusement de faire profiter son *avoir :* ne conviendrait-il pas que les moralistes, au lieu de se jeter dans les extrêmes, s'accordassent, se concertassent pour l'instruire, lui apprendre à diriger son intention, à la préciser avec tant d'exactitude, que son opération de prêt intéressé fût à l'abri de tout reproche ? Concluons :

Le titre du *gain cessant* et du *dommage occasioné* peut, en général , rendre légitime l'intérêt qu'on retire de l'argent prêté.

En quelques cas particuliers, il sera même légitime , quoique le prêt soit fait à un pauvre.

Légitime , bien que la cessation du lucre ne soit pas physiquement présente , pourvu qu'elle le soit moralement.

Légitime encore, quand le dommage occasioné accompagne le prêt.

Légitime, enfin , quoiqu'il excéde quelquefois le taux de l'ordonnance.

Et quand cet intérêt est légitime , on le peut exiger au moment du prêt, si le *tort* existe à cette époque : le délai augmenterait le dommage; et, si l'on ne prévenait pas cette augmentation par le payement, elle deviendrait un titre pour augmenter proportionnellement l'intérêt.

Il me semble que ces diverses conséquen‑

tes découlent des principes que nous avons
établis:

VI.

On a imaginé un second titre de légitimation pour le prêt intéressé : C'est le *lucrum
adveniens*, « le profit que fait l'emprunteur
« avec l'argent prêté. » N'est-il pas de toute
justice, dit-on, qu'il soit partagé entre celui
qui emprunte et celui qui prête ? S'il n'y a
point de profit, dit le prêteur, je n'aurai
rien ; mais s'il y a du profit (il parle à l'emprunteur), vous n'aurez pas tout. Nous con-
viendrons des proportions, à dire d'experts.
Voilà mes conditions. Si vous ne les acceptez pas, je ne vous confierai point mon argent;
si vous les acceptez, je vous en abandonne
l'usage, à la charge, pourtant, de me le remettre à telle époque.

L'intérêt de l'argent n'est donc pas exigé
à raison du prêt, puisque le prêteur consent
à ne rien avoir au-delà de son capital, s'il
n'y a point de profit : circonstance néanmoins
qui laisserait subsister le prêt. Cela suffit
pour qu'il ne soit pas usuraire. Il est exigé

à raison du profit auquel l'argent a peut-être plus contribué que tout le reste : et quel principe de droit naturel ou de droit divin alléguerait-on pour établir qu'il est dans l'ordre que toute la moisson de cette semence dorée soit pour le cultivateur qui l'a mise en terre, et qu'il y aurait de l'immoralité, dans l'homme qui l'a fournie, à réclamer un seul épi ?

Il semble que la réponse à cette question dépend de la solution d'une autre, savoir : Qui, du prêteur et de l'emprunteur, a la propriété de l'argent emprunté et prêté ? Si la propriété de la somme prêtée passe à l'emprunteur, il paraît naturel de penser que le prêteur n'a rien à prétendre de la totalité des fruits à quoi cet argent a contribué. Toute la chose productrice appartient alors à l'emprunteur. Supposons qu'il soit négociant, l'industrie, le travail, le numéraire sont à lui, ne sont qu'à lui. Or, *res fructificat domino ;* il ne reste donc au prêteur, pour stipuler un intérêt, que l'action *de prêter ;* pour exiger un intérêt, que le fait d'*avoir prêté :* point d'autre titre. Le *profit avenant* n'étant pas pour lui, mais exclusivement pour l'homme propriétaire, industrieux et travailleur, il ne peut s'en prévaloir comme d'un titre qui écarte de son opération et de l'intérêt qu'elle a créé, le soupçon d'usure. Si, au contraire, la propriété de l'argent prêté demeure au prêteur, il devient évident, par la même raison du *res fructificat domino*, que la proportion du profit avenant qui correspond au numéraire, l'autre demeurant au travail et à l'industrie doit revenir à l'homme qui a prêté : et alors le *profit avenant* est un titre qui légitime l'intérêt d'une somme prêtée. Ainsi raisonnera un théologien exact sans âpreté, et facile sans relâchement.

Je toucherai plus bas cette question de la propriété des sommes empruntées et prêtées ; mais, en attendant, je propose ici une considération sur l'hypothèse de la propriété passée à l'emprunteur. On annonce, dans les papiers publics, une terre à vendre. Elle est d'un grand prix : cent mille francs. Elle tente mon ami, qui n'a, pour le moment, que la moitié de cette somme ; il me demande à emprunter l'autre pour dix ans, à l'expiration desquels il me remettra l'argent que je lui aurai prêté. Si je consens, il aura, pendant dix années, la propriété de mon argent : c'est la supposition. Il aura, moyennant cet argent, pendant dix années, la moitié du profit annuel de l'acquisition; et, à l'époque du remboursement, la moitié au moins de la somme qu'il me restituera alors, sera provenue de mes deniers. Il lui restera, à perpétuité, une très-belle terre, et à moi rien. Au fond, cela paraît si choquant, que personne ne peut blâmer la recherche d'un moyen légitime d'avoir part au bénéfice. Je crois en avoir trouvé deux. Voici le premier :

Avant que mon ami me communiquât son dessein, je n'avais pas le projet de faire valoir mon argent. Sa proposition m'en a subitement donné l'idée ; et je prends la résolution de placer, aussitôt que je le pourrai, mes cinquante mille francs, d'une manière utile et légitime. Cette résolution précède ma réponse. Ayant actuellement le titre du *Damnum interpretativum*, « je vous prêterai, » dis-je au demandeur, la somme dont » vous avez besoin ; mais, sous la condition

» d'un intérêt annuel dont nous convien-
» drons. » — *Rien de plus juste*, me dit-
il; et il le pense. Pour quelle raison penserait-
on le contraire? J'étais libre de faire de mon
argent un emploi profitable; libre , à tous les
instans de ma vie, d'en prendre la résolution;
je l'ai prise. De ce moment, le prêt que solli-
cite mon ami m'occasionera un dommage
au moins *interprétatif*, et, pendant dix ans,
si , en prêtant, je ne stipule pas un *intérêt*.
J'ai donc un titre légitime pour exiger une
somme annuelle qui m'indemnise, me dé-
dommage : mon unique soin doit être de la
déterminer suivant les règles de la plus scru-
puleuse droiture. Ne m'objectez pas que toute
cette combinaison d'intentions et de résolu-
tions a pour but de prêter à intérêt : oui, à
intérêt ; mais à intérêt permis, à intérêt dont
tous les théologiens reconnaissent l'équité.
Je ne m'en suis pas caché; je l'ai dit : et
vous ne pourriez rendre suspecte cette conduite qu'en prouvant qu'à l'instant même
de la demande du prêt, je n'étais pas libre
de prendre la résolution de faire de mon
argent un emploi utile, ou que je ne l'ai

pas formée. Ma liberté morale, à cet égard, est évidente ; et mon action, je l'atteste ; cela suffit à la conscience..... Tel est le premier moyen auquel un prêteur pourrait avoir recours pour prendre licitement sa part du *profit arrivant*, dans la supposition que le prêt eût transféré à l'emprunteur la propriété de l'argent. Voyons le second.

Mon ami me prie de lui prêter, pour dix ans, une somme de cinquante mille francs. Il a besoin de ce délai pour le remboursement. Son dessein est d'acheter une terre de cent mille francs, et il n'a que la moitié de cette somme. « L'intérêt de votre argent, « ajoute-t-il, sera exactement payé..... »

Et moi : « Je ne vous *prêterai* point la somme dont je puis disposer, et que vous me demandez. Le prêt vous transporterait la propriété de mon argent ; du moins, de savans moralistes en sont persuadés : et les mêmes pensent que, ce transport étant effectué, l'intérêt que vous m'offrez serait usuraire. Cependant je vous obligerai. Voilà les cinquante mille francs. *Je m'associe avec vous* pour l'acquisition de la terre que vous avez en vue. Vous paraîtrez seul dans le marché ; mais, au for de la conscience, nous serons *copropriétaires*. Convenu que vous aurez exclusivement l'administration de la *chose*. Vous planterez, réparerez, bonifierez ; vous payerez les impositions ; vous serez chargé de toutes les dépenses : elles ne me regarderont en aucune manière. Vous affermerez les métairies, vous recevrez le prix des locations, etc. Bref, vous agirez comme si vous étiez le seul propriétaire : je resterai sous le rideau ; je n'aurai même aucun titre pour me montrer. D'après toutes ces clauses, nous réglerons à l'amiable la part que je dois avoir annuellement dans les profits pour ma *mise*, ou nous la ferons régler par des arbitres. Lorsque les dix ans seront écoulés, vous me rendrez les cinquante mille francs, et vous deviendrez seul propriétaire. Acceptez-vous ces conditions ? » Il accepte ; et mon argent me rapporte, chaque année, un *intérêt* ou profit légitime : car je ne pense pas qu'aucune de ces conventions puisse être sérieusement critiquée.

Quel est le prêteur qui, au lieu de dire :

« Prenez mon argent *à tant pour cent*, pen-
» dant dix ans, » ce qu'on soutient n'être pas
légitime, ne suivît volontiers le procédé que
je viens d'indiquer ? Le résultat est le même.

Mais encore, puisque le résultat est le même,
pourquoi, en vue du *lucrum adveniens*, du
profit que fera certainement l'argent prêté,
ne pourrait-on pas diriger vaguement son intention vers ce qui est permis, et dire simple-
ment : « Vous me donnerez *tant pour cent*
» de l'argent que je vous prête. » De deux
chemins qui conduisent au même terme, il
est naturel, et il doit être licite, de prendre
le plus court. Ce que je propose dans cet article, n'est pas une assertion, mais un doute.

VII.

Le commerce lui-même est présenté, par
quelques personnes, comme un titre justifica-
tif des prêts qui le nourrissent. Ce n'est pas
seulement sa splendeur, sa prospérité, qui en
dépendent, c'est son existence. « Il sèche sur
« pied, me disait un négociant, cet arbre ma-
« jestueux que tant de siècles avaient enfin

« amené à sa perfection ; il meurt, il tombe,
« si les moralistes rigides sont écoutés, et
« qu'ils le privent de la sève du prêt qui l'a-
« limente. Et, en tombant, il écrasera, dans
« sa chûte, notre marine, nos manufactures,
« nos colonies, nos ports, nos ouvriers, notre
« industrie et nos talens. L'État appauvri ne
« pourra plus soutenir la concurrence avec
« ses voisins, auxquels passeront les richesses
« dont un vain scrupule l'aura dépouillé...»

Je ne dirai point, avec un casuiste sévère
que j'ai en ce moment sous les yeux, que *ces
prophéties ne valent pas mieux que celles
de Nostradamus ;* je dirai plus gravement
qu'il est assez probable qu'elles exagèrent le
mal : assez probable que la sagesse humaine y
trouverait remède, des compensations, qui sait!
peut-être même des avantages. Un philosophe
respectable (Mr M.***, auteur du *Traité
de la population*) a cru le démontrer par ce
raisonnement : « Dès qu'il est certain que la
« diminution de l'intérêt est un avantage in-
« contestable pour le commerce, il s'ensuit
« nécessairement que l'extinction de tout
« intérêt serait un plus grand avantage en-

« core.» Le casuiste que je citais, il n'y a qu'un moment, s'écrie, *voilà qui s'appelle dissiper en deux mots le prétexte frivole des commerçans*. Je suis loin d'adopter ce jugement : ce que le théologien admire me paraît un sophisme. La diminution de l'intérêt serait un avantage pour le commerce, parce que, d'un côté, le commerçant ajouterait à son profit cette portion retranchée de l'intérêt ; et que, de l'autre, les sommes éparses dans des milliers de bourses particulières n'en alimenteraient pas moins les opérations commerciales , les propriétaires aimant mieux avoir un *intérêt diminué* que point du tout d'intérêt. Mais, si vous supprimez entièrement l'intérêt, tout le profit du commerce demeure au commerçant; j'en conviens : convenez aussi que ces sommes, *éparses dans des milliers de bourses particulières* , cesseront d'alimenter les *opérations commerciales*. On prête quoiqu'on ait moins de profit ; on ne prête plus quand il n'en revient rien. Le numéraire reste au fond des coffres ; stérile, il est vrai, mais en sûreté.

Le *Ne Sutor* m'avertit de ne pas pousser plus

loin cette discussion. C'est aux négocians, ce n'est qu'à eux à prononcer sur ce qui est utile ou nécessaire à la prospérité du commerce ; et, s'accordant à soutenir que le *prêt intéressé* n'est pas seulement utile, mais nécessaire à leurs opérations, nous, casuistes et théologiens, nous devons les croire. Ils sont experts en cette matière, et nous ne le sommes point.

Ne pensez pas, en lisant cette déclaration, qu'à mes yeux *l'intérêt du commerce* soit un titre légitime pour prêter et en retirer du fruit. Une *chose* peut être utile, ou même nécessaire à une *autre chose*, sans que son innocence, en morale, soit pour cela démontrée. La question reste tout entière, et ce n'est point aux négocians à la décider. Ils ne sont pas des experts pour elle. Seulement, car il ne faut rien omettre, cette importante considération de l'existence du commerce tel qu'il est, et de sa prospérité, est un motif puissant d'examiner de très-près, sous le rapport moral, la question du prêt de commerce, d'y apporter la plus grande attention. Je ne trouverais pas mauvais qu'elle fût accompagnée du désir de pouvoir le proclamer légitime. Je reviendrai sur ce sujet. Voyez le n°. XXX.

VIII.

Un quatrième titre que l'on fait valoir avec une sorte d'ostentation se nomme la *convention des négocians*. Il faut les entendre décrire ce nouveau retranchement, à l'abri duquel ils se flattent de pouvoir tenir contre toutes les forces réunies de la morale scolastique, ou plutôt parvenir à une conciliation.

« Ne sommes-nous pas maîtres absolus de notre *avoir* ? Il est donc plus qu'étonnant que des casuistes s'érigent en économes à qui il appartient de le régir d'office.

« Nous pouvons donner au malheureux que la faim tourmente : et les théologiens applaudiront à cette action. L'amitié, qui n'est pas chez nous un sentiment stérile, nous fait enrichir un ami : et les théologiens, quoiqu'ils puissent rarement aimer de la sorte, applaudiront à cette action..... Pourquoi, nous per-

mettant la compassion et l'amitié, nous inter-
diraient-ils la reconnaissance? C'est, en partie,
l'argent de ce prêteur qui engendre nos richesses : ne pouvons-nous pas, en le remet-
tant aux mains généreuses qui nous l'ont
confié, y joindre une part du profit que
nous avons fait, et dire à notre bienfaiteur :
*Voilà vos dix talens ; ils en ont produit dix
autres, qui, suivant les lois, sont à nous ;
mais les lois ne nous défendent pas de
les partager avec vous. Veuillez en accepter la moitié?* Et l'on n'applaudirait pas à
cette action ! Et l'on damnerait ce prêteur,
s'il recevait ce que nous lui offrons !

» En un mot, il est de *convention* entre
nous autres commerçans de reconnaître ainsi
les services que nous rendent ceux qui, gratuitement et par pure complaisance, s'expo-
sent à perdre (car nos opérations ont des dangers) un argent qui est le leur, et dont nous
ne pouvons pas exiger le prêt, même au titre
de charité.

» Demanderez-vous où existe cette convention ? Elle existe dans notre conduite jour-
nalière et uniforme , dans les nombreux

écrits publiés par nous, ou en notre nom ;
et plus expressément encore dans notre intérêt. Nous serions bien peu habiles, si,
faute d'une convention si aisée, si naturelle,
nous négligions de mettre d'accord notre bien-
être et la conscience de ceux qui possèdent
des sommes oisives.

« Ce n'est donc pas en vertu de leur prêt
que nos bienfaiteurs reçoivent une partie de
notre gain : c'est en vertu de la convention
faite, non pas avec eux, mais entre nous ; en
vertu de la parole solennellement donnée,
à la face de tout l'univers, avec une pleine
liberté, n'étant excités à cette démarche que
par l'envie, assurément très-louable, d'augmenter nos richesses. Après une déclaration
si authentique, ne serait-il pas injuste, contraire à la droite raison, d'inquiéter la conscience de ceux à qui nous remettons leur
capital et un profit déterminé ? »

Cette tournure a paru spécieuse, si l'on
en juge par la variété des moyens employés
pour en empêcher l'effet.

Quelques théologiens en ont pris occasion
de taxer d'usure tout intérêt perçu pour de

l'argent prêté, bien qu'on pût alléguer un autre titre que le prêt. Selon eux, ce titre ne légitime pas le prêt intéressé ; c'est, au contraire, le prêt intéressé qui vicie ce titre. Pour eux l'usure n'est pas *lucrum ex mutuo, solius mutui causâ*, mais tout uniment *lucrum eximitur*. Ils citent, à cette occasion, bien ou mal à-propos, ces paroles d'un Pape, Urbain III, cap. extra. DE USURIS. *Hujusmodi homines, pro intentione lucri quam habent, cùm omnis usura et superabundantia prohibeatur in lege, judicandi sunt malè agere.*

D'autres attaquent l'existence de la prétendue *convention*.

La plupart en flétrissent la nature. Elle est inique dans ses vues, et sur-tout blâmable dans ses effets : car, par exemple, elle grève le public , et plus sensiblement les pauvres, par l'augmentation du prix des marchandises, qui en est la suite nécessaire. Les taxes qu'on met sur le commerce, celles que le commerce s'impose lui-même, c'est toujours l'acheteur et le consommateur qui les payent.

On objecte enfin que la *convention* commerciale de l'intérêt, supposé qu'elle existe, supposé qu'elle soit innocente dans ses effets et irréprochable dans sa nature, est du moins *illégale*, et, par conséquent, qu'elle ne peut rien légitimer, étant elle-même illégitime. Cette dernière observation pouvait avoir autrefois une force que les changemens opérés dans notre législation civile ne lui conservent pas.

Quant aux autres, je ne m'arrêterai point à en apprécier la valeur : il me paraît plus simple d'exposer les raisons qui me portent à rejeter le titre de la *convention des Négocians*. Elle n'empêche pas, cette convention, si elle existe ; elle n'empêcherait pas, si elle existait, l'usure du prêt intéressé : c'est à-dire que, si le prêt intéressé était usuraire, abstraction faite de la convention, celle-ci ne le purifierait pas. Je ne révoque en doute la générosité d'aucun commerçant en particulier, et j'en connais chez qui cette vertu est presque héréditaire ; mais j'ose avancer qu'en général, lorsqu'ils payent des intérêts, c'est qu'ils ne peuvent faire autrement ; qu'ils ne *conviendraient* point entre eux d'en payer, s'il était en leur pouvoir de s'en dispenser, soit en ayant le moyen de se passer des emprunts, soit en ayant celui d'obtenir des emprunts sans intérêt.

Au reste, la faute de l'usure n'est pas commise par l'homme qui, dans son besoin, emprunte à intérêt, mais par l'homme qui prête à intérêt. La convention supposée, le prêteur à intérêt ne saurait trouver en elle son excuse, parce que c'est lui, sa volonté connue, qui crée la convention. Il ne dit pas : *j'exige, pour vous prêter, que vous m'assuriez un intérêt de* tant *pour cent*; il dit ou est censé dire : *je ne vous prêterai qu'après que vous serez* convenus *de m'assurer un intérêt de* tant *pour cent* : c'est-à-dire qu'il prête directement *à l'intérêt de la convention,* et indirectement, mais par suite nécessaire, à l'intérêt pécuniaire que la convention aura fixé. Et ce ne serait pas de l'usure ! Si le prêteur dont il s'agit peut en éviter le reproche, je doute qu'un usurier, à titre d'office, ne le puisse pas aussi. « Je » reçois un intérêt, dira-t-il, mais non parce » que je l'exige; on me l'*offre*, tous les né- » cessiteux ont fait entre eux la *convention*

*

» de donner un intérêt à quiconque les aide
» avec de l'argent dans leurs besoins. Si cette
» convention n'existait pas, je ne prêterais
» point. Elle existe, et je prête ; et je reçois, je
» réclame même un intérêt , non pas au titre
» de mon prêt , pour lequel je ne demande
» rien , mais au titre de la convention des
» nécessiteux , qui est l'ouvrage d'autrui et
» nullement le mien.» A qui persuadera-t-on
qu'un prétendu titre qui innocenterait toute
espèce d'interêt, ou, ce qui est la même
chose , ferait qu'aucun prêt intéressé ne fût
usuraire, s'il produisait cet effet pour un seul,
puisse être un titre légitime ? Sa latitude
excessive révèle son impuissance.

Cependant qu'un capitaliste dise à un négociant qui lui demande le prêt d'une *somme*
de : .... « Volontiers, j'aime autant qu'elle
» vous soit utile, que de la garder inactive
» dans mes coffres ; je vous la prête sans sti-
» puler aucun intérêt , sans vouloir qu'elle
» me profite de quelque manière que ce soit.
» Seulement vous m'en assurerez le retour à
» telle époque ....; » et que ce langage soit
sincère , que l'œil qui voit *in abscondito* en

aperçoive la vérité.... L'époque du remboursement arrive ; le débiteur ajoute au principal
un intérêt quelconque : le créancier reçoit l'un
et l'autre.... Il n'y a point d'usure , parce
que l'intérêt n'a point été *exigé*. Je ne crois
pas même qu'il y en eût eu , si le prêteur
avait *espéré*, *pressenti* qu'on lui ferait un
don en numéraire : toujours parce qu'espérer
et pressentir ne sont pas èxiger.

IX.

Un assez grand nombre de têtes pensantes
s'imaginent découvrir dans les *risques* que
courent les sommes prêtées au commerce, un
titre (c'est le cinquième) qui légitime l'intérêt qu'on en retire.

Il faut l'avouer : on n'assignera que peu
de dangers aussi formidables et aussi mul-
tipliés que ceux dont il est ici question. On
dirait que les mers ne sont orageuses que
pour les vaisseaux marchands. Les banqueroutes coulent de vingt sources différentes :
un bruit de guerre les occasione , et une
guerre réelle les rend inévitables.

Or les dangers comme les espérances peuvent, reprend-on, s'apprécier à prix d'argent. On peut donc, en prêtant, stipuler un intérêt ajouté à la somme prêtée, lequel sera l'équivalent du *danger*, de même qu'en d'autres circonstances, il sera celui de l'*espérance*. Et, pour couper pied aux scrupules et aux autres difficultés; pour établir autant que possible, une pratique uniforme, on se réglera sur le *quantum* des lois civiles, ou sur le cours de la place..... Ainsi raisonnent quelques défenseurs du prêt intéressé.

Une autorité respectable semble applaudir à leurs efforts : du moins ils s'en flattent. Vers l'an 1645, on proposa à la Congrégation de la Propagande le cas suivant :

« Les lois de la Chine permettent de prêter » sous l'intérêt de trente pour cent, abstrac- » tion faite du *lucre cessant* et du *dommage* » *occasioné*. On demande si les chrétiens » du pays peuvent, suivant l'exigence des » cas, s'autoriser des susdites lois, et s'y con- » former ? Ce qui favorise l'affirmative, c'est » qu'on a lieu d'appréhender l'évasion de » l'emprunteur, ou des délais de payement,

» ou les chicanes de Palais, et d'autres incon-
« véniens de même nature. »

Les Cardinaux répondirent, et le Pape
Innocent X confirma leur décision, « 1°. qu'il
» ne fallait rien recevoir au-delà du principal
» en vertu du prêt seulement. — 2°. Que si
» les chrétiens chinois recevaient quelque
» chose au-delà du principal, à raison du
» danger que l'on peut regarder probablement
» comme prochain, ainsi que le porte la
» question proposée, il ne faut pas les in-
» quiéter. — 3°. Que cependant il est indis-
» pensable d'avoir égard à la probabilité du
» danger et à sa nature, et de garder une juste
» proportion entre le risque que l'on court,
» et l'intérêt que l'on reçoit.»

Quelqu'un a conclu de cette réponse que
la Congrégation avait autorisé un intérêt de
trente pour *cent*... Non ; elle a autorisé *un
intérêt :* et loin d'en fixer le taux , elle a
recommandé *une juste proportion entre le
risque et* l'intérêt.

Le même écrivain a encore conclu de la
réponse ci-dessus que, si le Pape a permis un
grand intérêt à cause du péril auquel se trou-

vent exposées les sommes du prêteur, on peut, *à plus forte raison*, exiger un intérêt modique, en vertu du gain que l'emprunteur a droit d'espérer... Non ; car d'abord le plus et le moins de l'intérêt n'est pas ce qu'il faut considérer ici, mais sa nature et son motif. Ensuite, un bon esprit remarquera que le *gain espéré* ne modifie point le prêt; que le prêt demeure *pur et simple* ; que, par conséquent, l'intérêt perçu par le prêteur ne pourrait être attribué qu'au prêt de l'argent. Il en est autrement des risques que court l'argent prêté, au moment même du prêt : ils l'affectent immédiatement.

Il ne s'agit plus que de savoir si les risques ou dangers du commerce peuvent s'assimiler aux inconvéniens mentionnés dans la consultation chinoise. On convient que les risques attachés essentiellement au prêt ne rendent pas légitime l'intérêt qu'on en retirerait. Nous ne connaissons point de circonstances où l'argent coure de plus grands dangers que celle de la pauvreté de l'emprunteur : sa misère actuelle semble prédire son insolvabilité future ; et c'est néanmoins, de toutes les circonstances , celle où le prêt doit être le plus désintéressé. Si donc des risques peuvent autoriser un intérêt quelconque, il faut qu'ils soient accidentels , étrangers au prêt , libres dans l'emprunteur , et provenant ordinairement de l'usage auquel on destine les sommes empruntées. . . .

Comparons maintenant. Les chrétiens chinois craignaient l'*évasion de leurs emprunteurs*; les nôtres passent quelquefois à l'étranger : ils craignaient les *délais de paiement;* nous, les banqueroutes frauduleuses et autres : ils craignaient les *chicanes de palais;* nous avons aussi des tribunaux dont les audiences sont fréquentes , longues , coûteuses : ils craignaient d'*autres inconvéniens de même nature*, peut-être ce que nous craignons nous-mêmes, des voies d'eau, la piraterie des forbans , les caprices et les fureurs d'un élément perfide ; que sais-je ? le calme et les tempêtes, *et alia hujusmodi*. . . . . Et l'on reprend :
« Est-ce que la Congrégation et le pape Inno-
» cent n'ont parlé que pour la Chine ? Les mis-
» sionnaires ont-ils d'autres règles que celles
» de nos théologiens et de nos directeurs ? Se

» relâche-t-on de la sévérité évangélique en
» faveur de nouveaux convertis, ou l'usure se
» bonifie-t-elle en traversant les mers, et en
» s'éloignant du centre de la catholicité? Non
» à toutes ces questions. Qu'on ne nous in-
» quiète donc plus » (c'est la conséquence
que tirent les prêteurs à intérêt pour le commerce) : « la sacrée Congrégation l'a dé-
» fendu, et Innocent X aussi. »

Il est difficile d'établir une différence réelle
entre la position des prétendus Chinois, et
celle de nos prêteurs européens : dès-lors il
devient nécessaire de porter des uns et des
autres le même jugement. Ou ceux-ci, à
raison des risques que courent leurs capitaux, peuvent exiger des intérêts, ou ceux-là
ne le peuvent point. Un décret du chef de
l'Eglise sur un point de morale, est, par sa
nature, adressé à toute la terre. Le Saint-
Siége ignore absolument ces coupables ménagemens qui tendent à énerver la rigueur
des maximes évangéliques; et, dans la supposition que le prêt des Chinois fût répré-
hensible, le successeur de Pierre n'aurait
pas eu pour lui plus d'indulgence qu'il n'en

a montré pour leurs fameuses cérémonies.

Un écrivain moderne, qui doit être cher aux négocians dont il a défendu la cause avec autant de sagacité que de modération, fait sur le titre des *Risques*, quelques réflexions que je crois devoir rapporter, en y joignant un mot de commentaire.

« Les meilleurs orateurs, dit-il, con- » damnent, en général, tout intérêt fondé » sur le danger des choses prêtées. » — La Congrégation de la Propagande, sur-tout Innocent X, avaient des grâces pour juger : elles manquent souvent aux *meilleurs auteurs*.

« Il serait difficile de distinguer le péril » ordinaire d'avec le péril extraordinaire. » — Difficile, en quelques circonstances : et alors on aura la ressource de s'attacher au parti le plus sûr ; mais facile en d'autres cas, et alors rien n'empêchera, ce semble, de s'aider des *risques du commerce.* »

« Il serait plus difficile encore de fixer un » taux à l'intérêt que l'on permettrait sous » ce prétexte. » — Cependant le décret relatif à la Chine insinue que cette fixation est possible et praticable ; puisqu'il recommande de la faire *avec une juste proportion*.

« Cette question est de peu d'usage dans la » pratique, parce que, dans le cas des risques » extraordinaires , comme l'on craint de tout » perdre, on ne prête point. » — Néanmoins, les Chinois prêtaient, et nous prêtons. C'est une opération aléatoire, un billet à la loterie. On risque *de tout perdre* ; mais si l'on gagne, *tout* revient, accompagné d'un excédent qui est le *lot*.

Ne pourrait-on pas s'arrêter à l'idée que c'est la conscience du prêteur qui, dans la pratique, décidera si les intérêts exigés *à cause du danger*, sont usuraires, ou ne le sont pas. En stipulant un intérêt, lui dirais-je , ne vous appuyez vous que sur le risque que court votre argent ; de sorte que , si le risque disparaissait avant de conclure votre marché , vous prêteriez néanmoins et sans intérêt : demeurez tranquille ; vous êtes du nombre de ceux que la sacrée Congrégation et Innocent X ne veulent pas qu'on *inquiète*. En stipulant un intérêt, votre intention première est-elle de gagner, de faire un profit de votre argent;

en sorte que, si le risque cessait, ou vous ne prêteriez plus, ou vous continueriez de prêter à intérêt ? vous êtes coupable d'usure. Les risques qui accompagnent votre opération ne vous servent que de masque pour couvrir votre faute. Les hommes ne l'apercevront pas : mais Dieu ?

X.

Nous avons examiné les différens *titres* qu'allèguent les défenseurs du *prêt intéressé*, pour obtenir qu'on le tolère ; et nous n'avons pas dissimulé le jugement que nous croyons devoir prononcer sur chacun d'eux pris séparément. Reste une opinion qui applanirait toutes les difficultés, si elle était vraie. Elle soutient que ce qu'on nomme vulgairement *prêt de commerce* n'est pas, à proprement parler, un *prêt*. Ainsi, qu'on dise ce qu'on voudra pour ou contre l'intérêt qui se perçoit en vertu de l'argent prêté ; ceux qui *font valoir leur argent dans le commerce* (voilà, dit-on, le mot propre,) peuvent ne pas s'en occuper. Ces sortes de discussions leur sont étrangères. Elles ne regardent que les prêteurs; et ils ne prêtent pas.

Mais que signifie *faire valoir son argent dans le commerce*, si ce n'est pas le *prêter* à un commerçant pour en retirer un profit déterminé ? — Ils répondent : C'est former d'abord une société très-légitime avec ce commerçant ; c'est ensuite y substituer, d'un commun accord, deux opérations très-légitimes, dont l'effet est de procurer à l'homme, qui *fait valoir son argent dans le commerce*, 1°. l'assurance de son capital ; 2°. l'assurance d'un profit déterminé. Point de vice dans les causes ; par conséquent, point d'usure dans le produit. Expliquons ceci un peu davantage.

L'Homme a l'argent. Vous voulez donc bien m'associer à votre commerce ?

Le Négociant. A perte et à gain.

L'*H*. C'est bien ainsi que je l'entends. — Je vous remettrai *telle somme*. — Sur quel profit pouvons nous compter ?

Le *N*. *Compter* n'est pas le terme. Avant l'événement, nous n'avons que des espérances.

L'*H*. Ces espérances, à combien montent-elles ?

Le *N*. Je ne puis vous en instruire que par un aperçu général. Bon an, mal an, déduction faite des frais de régie, des pertes, des non-valeurs, etc., mes fonds me rapportent annuellement un profit *de tant*. Voilà ce qu'il est raisonnable d'*espérer* de l'emploi de votre argent et de mon industrie.

L'*H*. Quelle part me faites-vous dans ces espérances ?

Le *N*. La moitié. Je retiens le surplus pour mes peines, et parce que le commerce est à moi.

L'*H*. Et, si au lieu de profit, il y a des pertes ?

Le *N*. Nous les supporterons ensemble, vous avec moi, dans une juste proportion.

L'*H*. Je puis donc être ruiné, perdre en entier la somme que je veux *faire valoir ?*

Le *N*. Sans doute ; mais il y a un moyen de vous délivrer de cette inquiétude, et qui me serait aussi agréable qu'à vous. Abandonnez-moi la moitié de vos espérances, et je vous assurerai le retour de votre capital.

L'H. Volontiers. — Cependant, il pourra arriver que mon argent ne me produise rien....

Le *N.* Ou même que je sois contraint de faire un appel à votre bourse, pour remplir des vides que le malheur aurait occasionés.... Mais il y aurait un moyen de vous mettre à l'abri de ce double inconvénient. Abandonnez-moi le reste de vos espérances, et je vous offrirai *cinq pour cent* de profit annuel, autant de temps que vos fonds demeureront dans ma caisse.

L'H. Volontiers ; car je n'entends rien à tous vos calculs de commerce.

Le *N.* Et moi, je serai affranchi de l'obligation de vous rendre compte de mes opérations.... Et désormais, si vous avez encore d'autres sommes à *faire valoir dans le commerce*, je les prendrai, m'obligeant, comme tout-à-l'heure, à vous rendre votre argent à une époque convenue, et d'y joindre cinq pour cent de profit annuel, eu égard au temps que je l'aurai gardé. Au lieu de trois opérations, nous n'en faisons qu'une qui les renfermera toutes dans notre intention.

En tout cela, demandent les défenseurs de

l'intérêt stipulé entre le commerçant qui reçoit et le capitaliste qui donne son argent,
que peut-on voir d'illégitime ? L'intérêt payé
par le commerçant au capitaliste sera évidemment le dû d'un acte de société et de
deux ventes très-régulières. Ce qu'on appelle
vulgairement un *prêt de commerce* n'est, au
fond, que ces *trois contrats*, successifs ou
simultanés. Ou ils sont coupables comme
lui, ou il est innocent comme eux.

Toute la morale rigide est convenue de
combattre cette théorie; mais il y a une mer-
veilleuse discordance dans les attaques.

Les uns conviennent, de bonne foi, que les
trois contrats et les *prêts de commerce*
sont une seule et même chose : les autres le
nient.

Vous en verrez qui évitent de décider cette
question de l'identité. C'est, disent-ils, la
conscience du prêteur qu'il faut interroger.
Son intention est usuraire. Il veut prêter et
retirer un intérêt. L'opération pût-elle être
légitime en elle-même, cette disposition la
corromprait essentiellement.

Quelques - uns n'aperçoivent que du danger dans les *trois contrats ;* mais n'est-ce pas assez pour n'y pas songer ? « Celui qui aime » le péril y périra. »

Vos raisons, dit celui-ci aux défenseurs du prêt commercial, sont spécieuses : mais la bulle *Detestabilis* condamne votre système.

Non, reprend celui-là ; c'est dans la *lettre encyclique* de Benoît XIV qu'il faut chercher cette condamnation.

Point du tout, dit un troisième : c'est dans les livres du *Synode diocésain.*

Tous conviennent que le prêteur et l'emprunteur peuvent faire le premier contrat, qui est un contrat de société. Le grand nombre permet encore le second, qui n'est qu'un contrat d'assurance du capital. Il n'y a point encore de profit stipulé, point d'intérêt, et partant point d'usure. Le troisième contrat est la cause du mal : il assure au prêteur un intérêt déterminé.

Enfin, plusieurs Docteurs produisent, comme très - sage et très - utile, la distinction suivante. Les trois contrats sont permis entre trois ou quatre personnes ; ils ne le sont pas entre deux seulement. C'est-à-dire que le prêteur et l'emprunteur peuvent faire ensemble le contrat de société, peut - être même le contrat d'assurance du capital ; mais non le contrat d'assurance d'un intérêt quelconque;........ que le prêteur peut faire l'acte de société avec l'emprunteur ; l'acte de l'assurance de son capital, par l'abandon d'une partie de ses espérances , avec un autre ; et l'acte de l'assurance d'un profit déterminé , par l'abandon du reste de ses espérances, avec un troisième.

Ces diverses nuances d'opinion attestent suffisamment que l'évidence n'y préside pas.

Nous avons à nous déterminer sur trois points que voici : 1°. Les *trois contrats* et les *prêts de commerce* sont - ils foncièrement une même chose ?

2°. Est-il une autorité faisant loi, qui ait proscrit les trois contrats ?

3°. Au tribunal de la raison, guidée par les maximes du droit, les trois contrats, faits par les deux mêmes personnes, sont-ils condamnés ou absous ?

Sur le premier point, tout ou presque tout se réduit à dire : Par les trois contrats, j'ai

l'assurance de mon capital et d'un profit déterminé ; par le prêt de commerce, j'ai pareillement l'assurance de mon capital et d'un
profit déterminé : c'est donc au fond la même
chose. S'il existe entr'eux quelques diffé-
rences, elles ne sont pas essentielles. La moralité des trois contrats règle la moralité du
prêt commercial. Il faut condamner ou absoudre celui-ci, suivant que ceux-là sont inno-
cens ou coupables. Au moyen de la triple opération, je suis *sûr* que mon argent me re-
viendra légitimement, accompagné de cinq
pour cent, profit également légitime (c'est un
prêteur qui parle) : désormais, nous n'en ferons qu'une ; je vous donnerai mon argent, et
vous me ferez (il s'adresse à l'emprunteur)
une obligation de la somme avec un intérêt
de cinq pour cent. Pourquoi multiplierions-
nous les conventions, quand il en est une
qui les renferme toutes ?.... Je ne suis pas le
seul à qui ce langage paraisse raisonnable.

Ecoutons, cependant, ceux qui ne pensent
pas comme nous. Ils nous reprochent de mettre
des *coussins sous le coude* des pécheurs. Nous
animons des statues, nous faisons raisonner

des femmelettes et subtiliser la rusticité ; et, pour tout dire en un mot, nous supposons aux gens des intentions qu'ils n'ont jamais eues, qu'ils ne sauraient avoir. Parmi les prêteurs du commerce, il n'en est peut-être pas un qui puisse rien comprendre à ces trois contrats successifs qui n'en font qu'un : leur dessein, leur unique dessein, est de prêter leur argent sans le risquer, et de gagner certainement *quelque chose*, en vertu de leur prêt. Ils font donc de l'usure.

Malheur au juge, a dit quelque part un homme célèbre, *qui cherche à trouver des coupables !* Je serais bien tenté de prononcer de même : « Malheur au théologien qui se » réjouit quand il croit avoir prouvé qu'une » action est criminelle ! » sur-tout quand cette action est souverainement utile et presque nécessaire à la prospérité de sa patrie, et qu'il a la certitude morale qu'après avoir signalé des coupables, il lui sera comme impossible de les changer en pénitens. Toute la différence qu'il y aura, c'est qu'ignorans, ils croyaient bien faire, et qu'éclairés, ils sauront qu'ils font mal. Essayons d'entreprendre leur apologie.

J'accorde que, dans cette foule innombrable de citoyens qui s'intéressent au commerce national par le *prêt* ou le *dépôt* d'argent, il en est peu qui connaissent les *trois contrats* et leur combinaison; qui sachent que, pour être légitime, leur marché doit exprimer, renfermer cette triple opération. Mais observons deux choses. La première, que ces prêteurs ordinaires conforment leur intention à celle du négociant avec lequel ils traitent. ils contractent comme lui, prennent les mêmes précautions que lui, les mêmes détours, les mêmes circuits, s'il en faut faire; en un mot, ils chargent le négociant d'arranger toute l'affaire pour le mieux. Ils s'en rapportent à son intelligence et à sa probité. Par conséquent, il suffit que l'homme instruit ait formé le dessein de passer les *trois contrats;* il les passe, et l'homme ignorant, en vertu de sa conformité d'intention, concourt à leur existence, sans le savoir, sans y penser.

La seconde chose à observer est qu'une action, bonne en elle-même, et qui n'est point viciée par une intention coupable, joint, à la *bonté d'être* qu'on lui suppose, la *bonté morale* qu'on lui dispute. Sans qu'on la rapporte à une bonne fin, par une intention explicite, elle s'y rapporte naturellement et comme d'elle-même, dès-lors que la volonté, qui en est le principe, ne lui fait pas prendre, contre le vœu de sa nature, une direction qui la déshonore. S'il y a dans la volonté deux intentions qui se repoussent, qui ne peuvent subsister ensemble, dont l'une détruit l'autre, on ne doit pas dire que l'intention générale l'emporte sur l'intention particulière, ou que la particulière l'emporte sur la générale : on doit dire que celle des deux intentions qui, au jugement intérieur de l'âme, est placée au premier rang, l'occupe en effet, et donne l'exclusion à sa rivale; laquelle ne conserve qu'un fantôme d'existence. Or, prêter à intérêt dans le commerce, et passer avec un négociant les trois contrats qui assurent au prêteur le retour de son capital et l'accroissement d'un intérêt déterminé, sont *matériellement* la même chose. D'un autre côté, puisque les trois contrats sont légitimes (on le suppose dans cette première opinion), il s'ensuit que prêter à intérêt dans le com-

merce est une action *matériellement bonne*.
Il ne paraît pas qu'elle soit corrompue par une
mauvaise intention. Celui qui prête veut faire
un profit; celui qui passe les trois contrats a
la même volonté ; celui qui prête ne veut pas
que son argent soit exposé aux risques du
commerce : même précaution dans celui qui
passe les trois contrats. L'un et l'autre stipu-
lent un profit évalué et certain ; l'un et l'autre
conviennent de la remise des sommes dépo-
sées.... Je demande si, en fait d'intentions,
il y eut jamais de ressemblance plus exacte ?
Vous conclurez de cette exposition bien simple, esprits droits et impartiaux, que, si le
profit qui résulte des trois contrats n'est pas
usuraire, on ne peut taxer d'usure ce qu'on
appelle *prêts de commerce*. D'autres théologiens renverseront la phrase, et concluront
que, le prêt de commerce étant usuraire, les
trois contrats ont le même défaut. J'avoue
que cette conséquence est aussi bien déduite
que la mienne ; mais il faudrait supposer que
l'usure des prêts de commerce est reconnue,
et qu'on raisonne dans cette hypothèse : car
on ne veut ici prouver que le prêt de com-

merce est légitime, que parce que quelques rigides reconnaissent la légitimité des trois contrats, et veulent que le prêt commercial soit tout autre chose que la triple convention. Ce n'est point un argument absolu, mais *ad hominem*. « Vous reconnaissez que les trois » contrats sont légitimes : reconnaissez-donc » que les prêts du commerce le sont aussi ».

Mais s'il était vrai que les trois contrats et les prêts de commerce fussent deux choses toutes différentes; si différentes qu'en morale les trois contrats fussent légitimes, et que le prêt fût usuraire : quel serait le devoir des théologiens et des directeurs de conscience ? Sans doute, d'apprendre aux *prêteurs* que leur opération est illégitime, et de la leur défendre : *hæc oportuit facere*. Ce n'est-là que la moitié de leur obligation ; ils doivent encore apprendre à ceux qui ne le savent pas, qui ne s'en doutent pas, qu'il est un moyen de satisfaire légitimement leur honnête cupidité, et de conserver au commerce l'usage de ces sommes éparses en tant de mains, et dont il a un besoin si réel : savoir, au lieu d'un prêt simple, de faire successivement trois contrats, dont le premier leur donnera des *espérances* appréciables; le second leur assurera le retour des capitaux mis en société; le troisième leur procurera l'acquisition d'un profit certain et déterminé..., *et illa non omittere.*

XI.

L'identité du prêt de commerce et des trois contrats n'est pas le point le plus difficile du sujet qui nous occupe : et si leur légitimité entre les deux mêmes personnes était démontrée, j'ose croire qu'il ne se trouverait pas un seul casuiste raisonnable, qui ne consentît, de bonne grâce, à absoudre le prêt commercial intéressé. Mais les trois contrats eux-mêmes ont-ils droit à l'indulgence des moralistes, aussi soigneux de mettre de l'exactitude dans leurs jugemens, que d'en écarter l'exagération? Voilà ce que les théologiens mitigés doivent établir, sinon jusqu'à la certitude absolue, du moins jusqu'à ce haut degré de probabilité qui, dans la pratique, suffit à la tranquillité des consciences.

Commençons par rechercher si l'opération,

dite des *trois contrats*, est condamnée par quelqu'autorité faisant loi.

La première qu'on oppose est celle de la Bulle de Sixte V, dont les premiers mots sont : *Detestabilis avaritiæ ingluvies*. Un rigide que j'ai cité plusieurs fois prononce, sans balancer, que cette bulle est *désespérante* pour les *défenseurs* de la triple opération, et que *ceux qui veulent jeter des nuages* sur une pièce aussi décisive *entreprendront bientôt d'obscurcir les rayons du soleil*. Je me suis toujours défié de ces écrivains à grandes phrases.

Deux questions se présentent ici : La bulle *Detestabilis* a-t-elle réellement proscrit les trois contrats? Cette bulle a-t-elle force de loi? Les théologiens sévères répondent affirmativement à l'une et à l'autre question; et les mitigés s'inscrivent en faux contre les deux parties de cette réponse. Je ne suis, en tout, de l'avis ni des sévères, ni des mitigés. Je pense avec les premiers que la constitution du Pape Sixte proscrit les trois contrats, et avec les seconds, qu'elle n'a pas force de loi.

1°. Elle proscrit les trois contrats. *Dam-*

namus et reprobamus omnes et quoscun-
que contractus.... per quos cavebitur ut,
etiamsi , fortuito casu , quamlibet jactu-
ram , damnum, aut amissionem sequi
contingat, sors ipsa seu capitale salvum sit,
et integrum à socio recipiente restituatur.
« Nous condamnons et réprouvons toute es-
» pèce de contrats dans lesquels on assure le
» capital : celui qui reçoit l'argent s'obligeant
» de le rendre tout entier à celui qui le four-
» nit, quoiqu'au lieu de profit, la spéculation
» commerciale eût causé des dommages et
» des pertes. » Il est vrai que, dans le texte,
les trois contrats ne sont pas nommés; mais il
semble évident qu'il les renferme. Pesez ce
raisonnement : « L'autorité qui proscrit toute
» convention commerciale où le retour de l'ar-
» gent serait garanti contre tous les évenemens
» à celui qui le fournit, par celui qui le reçoit,
» proscrit à plus forte raison toute convention
» commerciale où est stipulée non seulement
» cette garantie du capital, mais encore la ga-
» rantie d'un intérêt ou profit déterminé. »

« Or, les trois contrats sont une opération
» commerciale, en vertu de laquelle celui qui

» reçoit l'argent garantit à celui qui le fournit ;
» non seulement le retour de son capital, mais
» encore un intérêt ou profit déterminé : et cela,
» quels que soient les événemens du commer-
» ce.» — « Donc l'autorité qui proscrit toute
» convention commerciale où le retour de
» l'argent serait garanti, contre tous les évé-
» nemens, à celui qui le fournit, par celui qui
» le donne, proscrit, à plus forte raison, les
» trois contrats....» Je ne doute pas qu'on ne
puisse, à force de subtiliser, harceler, pour
ainsi dire, cet argument; mais je crois pouvoir affirmer qu'on ne l'ébranlera pas.

2°. La Bulle de Sixte V n'a pas force de
loi. Cela doit s'entendre de la France ; et
alors la preuve est simple : elle n'y a été ni
publiée, ni reçue.

Nous convenons, dit un casuiste sévère,
*que la bulle de Sixte V n'est pas une loi
solennelle ; ni même, pour la France, une
loi proprement dite.... Les mitigés ne prétendent pas autre chose. Mais cela empê-
che-t-il que ce ne soit une décision du
souverain Pontife, rendue avec beaucoup
de sagesse et de maturité ?... Je ne le pense*

pas. *Cela empêche t-il que les évêques, les théologiens, les canonistes et les jurisconsultes français.....* Vous sortez de votre sujet : prouvez que la constitution du Pape Sixte est *désespérante* pour les défenseurs du triple contrat. *N'est-ce pas une témérité impardonnable de préférer l'opinion de quelques particuliers au jugement d'un pape très-éclairé ?* Vous êtes habile à diminuer le nombre de vos adversaires. *Quelques particuliers !* Vous ne pouvez cependant pas ignorer que presque tous les docteurs catholiques (si ce n'est en France) accordent leur protection aux *contrats* que vous rejetez, et que ces docteurs n'en sont pas moins pénétrés de respect pour le St. Siège. La bulle de Pie V contre les rentes personnelles était aussi le *jugement d'un pape très-éclairé,* et, en France même, les théologiens lui préfèrent leur opinion particulière.

Il y a une grande différence entre les constitutions pontificales qui règlent la discipline, et celles qui définissent le dogme : celles-ci, dès qu'elles sont émises, ont par tout l'autorité dont elles sont susceptibles. Les enseignemens du vicaire de J. C. s'adressent à toute l'Eglise, et doivent y être écoutés, abstraction faite des formalités locales ; mais les constitutions de discipline n'ont de force qu'après avoir été reçues et publiées....

. Eh bien ! reprennent les conférences de Périgueux et d'autres moralistes, la bulle *Detestabilis* est dogmatique.— C'est précisément ce qu'il me semble que l'on peut contester de très-bonne foi. Peut-être que Sixte V, comme docteur particulier, croyait que les trois contrats sont usuraires ; mais il ne l'a pas déclaré *en pape*. Ce n'est pas en elle-même qu'il considère, dans le prononcé de son jugement, cette opération commerciale : il la laisse pour ce qu'elle est ; il s'abstient de toucher à ce qui a été fait en ce genre, antérieurement à sa constitution. Sa bulle ne frappe que les contrats qui auront lieu dans la suite : *post hæc ineundos*. La note d'*usuraire* ne se reporte point aux conventions subsistantes avant son décret ; elle ne doit être imprimée que sur celles qui seront faites après lui : *usurarios post hæc censeri debere.* Ces expressions n'annoncent-elles pas un acte de législation, par lequel l'autorité suprémë , eu égard à de certaines considérations de bien public, ordonne qu'à l'avenir les contrats dont il s'agit seront assimilés aux conventions usuraires.

Quoi qu'il en soit, il est prouvé qu'à Rome même la bulle de Sixte V n'avait pas force de loi, ou qu'elle y était regardée comme étrangère à la triple convention des négocians. Benoît XIV, dans l'ouvrage où il se montre le plus contraire au sentiment qui maintient la légitimité des trois contrats, dit : « Jusqu'à » présent le St. Siége N'A PAS NOTÉ cette opi- » nion, quoiqu'elle paraisse ne pas assez s'ac- » corder avec la constitution du Pape Sixte ; » et il ne convient pas que les évêques PRÉ- » VIENNENT le jugement du siége apostoli- » que, EN LA NOTANT. » Et vous, théologiens et casuistes rigides, vous la notez !

Ce n'est pas tout. Le vénérable tribunal de la *Rote* a constamment reconnu la bonté de la cause que je défends en ce moment, c'est-à-dire que la bulle *Detestabilis* n'em- pêchait pas de tenir pour légitime le procédé commercial qui, dans une société, assure au capitaliste le retour de son capital, accru d'un intérêt déterminé et convenu. C'est encore Benoît XIV qui nous certifie ce fait ; et d'ailleurs le recueil des *décisions* de cette chambre ecclésiastique l'atteste à qui prend la peine de les parcourir.

On ne s'écarterait même pas du vrai, en avançant que la plupart des théologiens de Rome et de l'Italie pensaient et décidaient comme le tribunal des douze *Auditeurs*. En 1647, le père Théophile Raynaud, jésuite, envoya de Rome une consultation *des plus célèbres docteurs de ce temps-là*, en faveur des prêts de commerce ; et il conclut, en ces termes, la lettre qui l'accompagnait : « Je me » suis contenté de vous faire passer le senti- » ment de quelques docteurs ; mais je vous » promets que, s'il en est besoin, vous au- » rez le suffrage de tous nos théologiens. » Observons que ce fait est postérieur de soixante ans à la bulle de Sixte V, qui parut en 1586.

Ce serait mal employer son temps que de s'étendre davantage là dessus. Les trois autorités que j'ai citées démontrent que la constitution du Pape Sixte ne peut causer aucun embarras à ceux qui refusent de taxer d'usure l'opération commerciale dont nous discutons la valeur : car il serait vraiment étrange que l'on imposât à qui que ce soit l'obligation de se former de cette bulle une autre idée que celle qu'en ont eue Benoît XIV, les tribunaux, et les écoles de Rome.

Remarquons, en finissant cet article, que la plupart de nos dogmatistes sévères, si le préjugé et les expressions grammaticales ne les égaraient pas, devraient être, sur ce point, parfaitement d'accord avec nous. Ce qui les choque dans les prêts de commerce, ce n'est pas qu'on n'abandonne point la somme prêtée, qu'on en stipule, qu'on en assure le retour : au contraire, cela leur paraît, comme à nous, très naturel : car qui prête ne donne pas ; qui prête veut que *la chose* lui revienne, et prend des précautions pour que l'emprunteur qui promet tienne parole : ce qui les choque (je continue de parler de la plupart de nos casuistes sévères), c'est que l'emprunteur doive ajouter au capital qu'il restitue, un intérêt exigé et convenu. Alors, disent-ils, on reçoit plus qu'on n'a prêté ; cet excédant, on le reçoit uniquement parce qu'on a prêté. Où sera jamais l'usure, si elle ne se rencontre pas ici?.... Je n'examine point, en ce moment, la vérité de ces différentes assertions : il me suffit qu'elles soient émises. J'en conclus que la plupart de nos théologiens rigides ne peuvent pas ne se point réunir aux mitigés, pour écarter de la présente contestation la bulle *Detestabilis* : par la raison toute simple que le Pape Sixte ne dit rien de l'intérêt qu'ils condamnent, et qu'il interdit l'assurance du capital, qu'eux ne condamnent pas. Passons à une autre autorité.

XII.

Aucune, si l'on excepte la Sainte-Ecriture et la Tradition, n'est plus imposante que celle que les Rigides invoquent après Sixte V. Hâtons-nous de nommer Benoît XIV. Ce grand homme peut, dans la question présente, être envisagé sous deux rapports très-différens : comme chef de l'Eglise catholique, et comme écrivain particulier. Chef de l'Église, il écrivit sa *Lettre encyclique* sur l'usure, en 1745;

*

Docteur particulier , il composa son ouvrage de *Synode*, achevé avant 1740, mais qui ne parut qu'en 1748.

A entendre l'esprit de parti, ce Pape dont les idées sont si nettes et si précises, les expressions si justes, aurait soutenu les deux contradictoires sur les prêts de commerce. *Il a porté les derniers coups à l'usure* de cette opération, dit un rigoriste que je cite souvent. Un mitigé, au contraire, vous dira *de prendre en main la Lettre encyclique, de la lire, de la relire, de vous en remplir.* Et pourquoi? parce que, ajoute-t-il, *c'est le fil qui doit guider vos pas dans les détours de ce labyrinthe* d'opinions opposées. Essayons de tout accorder.

1°. L'ouvrage du *Synode* ne peut être considéré que comme celui d'un savant très-distingué. Benoît XIV n'était encore que *Lambertini* quand il le composa. Cet ouvrage ne renferme donc pas une décision pontificale ; son contenu ne fait pas loi. Toutes mes idées théologiques se confondent, si cette proposition n'est pas mise au rang des axiomes.

2°. Il en est tout autrement de la *Lettre encyclique*. Elle offre un jugement solennel, rendu par le chef de l'Eglise catholique, le pasteur des pasteurs et de tous les fidèles. « A peine avons-nous appris, dit le Pape, » qu'il s'est répandu dans l'Italie des opinions » qui paraissent contraires à la saine doc-« trine, que nous avons cru qu'il était du » ministère apostolique (*muneris aposto-* » *lici*) de travailler à arrêter le cours du » mal. » Un *mal* de cette espèce n'est inter-rompu, dans son *cours*, que par un jugement formel. « Nous avons suivi l'usage ordinaire » du Siége Apostolique, dit encore le Pape. » Cela se rapporte aux préparatifs du jugement; par exemple, former une congrégation de cardinaux et de consulteurs, les entendre, etc. Si ces deux observations ne suffisaient pas pour assurer la qualité de jugement formel à la *Lettre encyclique,* la manière dont elle se ter-mine effacerait jusqu'à l'apparence du doute : « Si quelqu'un refuse de nous obéir, nous les » déclarons soumis aux peines portées dans » les saints canons contre ceux qui méprisent » et enfreignent les décrets apostoliques. »

3°. Dans l'ouvrage du *Synode*, Benoît **XIV** désapprouve l'opération commerciale, dite des *Trois-Contrats*; non, toutefois, aussi fortement que les rigoristes semblent vouloir qu'on le croie, puisqu'un casuiste de leur école critique, sur ce point même, la doctrine de Lambertini : « Je ne vois pas (ce sont ses pa- » roles) comment on peut dire que le Saint- » Siége n'a point censuré l'opinion du triple » contrat. » Il est pardonnable de n'avoir pas le coup-d'œil aussi étendu que l'avait Benoît XIV. Quoi qu'il en soit, il ne saurait être indifférent d'apprendre, de la bouche même d'un savant qui blâme une pratique commerciale, que le Siége apostolique ne l'avait point encore condamnée.

4°. Dans la Lettre encyclique, le Pape déclare expressément qu'il ne décide rien contre les trois-contrats. « Au reste, dit-il, nous ne » prononçons rien, quant à présent, sur le » contrat particulier qui a excité ces nou- » velles disputes. Nous ne prononçons rien » touchant les AUTRES CONTRATS, sur la légi- » timité desquels les canonistes et les théolo- » giens sont partagés. » On ne niera pas, je pense, que, dans les Ecoles, il y a partage *sur la légitimité des préts de commerce.*

5°. Ce n'est pas tout ; la lettre de Benoît XIV semble favorable à l'opération commerciale que d'autres ouvrages traitent avec tant de rigueur et de mépris. En effet, elle parle (relativement à la manière d'employer l'argent) de contrats qui peuvent se faire très-souvent, qui prennent diverses formes, qui servent à conserver et à étendre le commerce : et elle prononce qu'ils sont *permis.* Il paraît difficile de ne pas mettre de ce nombre les trois contrats ou prêts commerciaux, les plus simples, et peut-être les seuls vraiment praticables pour *conserver* et surtout pour *étendre le commerce.*

Il résulte de ces cinq articles que Benoît XIV, quand il écrit en pape qui décide, n'est point contraire à la doctrine des trois contrats ; et qu'il écrit en auteur qui ne décide rien, quand il paraît y être contraire : je laisse maintenant à penser s'il est raisonnable de dire qu'il a porté le DERNIER COUP *à l'usure du prêt de commerce.*

XIII.

Aux papes succède l'autorité du Clergé de France. Les rigides prétendent qu'il a condamné comme usuraires les prêts de commerce : ils citent particulièrement les réglemens de l'Assemblée de Melun, en 1579. Celui qu'on objecte est conçu en ces termes : « Défense de stipuler dans une société, à laquelle l'un apporte l'argent et l'autre l'industrie, que le sort principal sera assuré, et que le profit sera partagé en portions égales. » *Ne in societate in quam pecunias alter, alter operas confert, pactio fiat ut, salvâ sorte, fructus communiter dividantur.* C'est ce *communiter* qui autorise les casuistes mitigés à soutenir que l'Assemblée de Melun n'avait point en vue les contrats ou prêts dont ils protègent l'innocence. Le capital assuré, disent-ils, nous sommes les premiers à convenir que les fruits du commerce ne doivent pas être partagés en *portions égales*, et par celui qui fournit l'argent, et par l'autre qui met l'industrie, puisqu'en passant le contrat d'assurance du capital, l'associé qui fournit l'argent fait le sacrifice d'une partie de ses profits légitimement espérés : partie qu'il donne en paiement de l'assurance ;..... et encore puisque, pour acquérir l'assurance d'un profit déterminé, ce même associé abandonne à l'autre sociétaire la partie du gain légitimement espéré qui lui restait. Que le profit du commerce soit de *trente pour cent*, l'associé fournisseur d'argent n'en recevra que *cinq* : est-ce là un partage égal ?

Mais, dira-t-on peut-être, s'il n'y a point du tout de profit ? s'il y a de la perte, ce sera bien pis que de partager également : et cependant cela peut arriver, et même être fréquent, dans l'opération du triple contrat. — Je répondrai ailleurs au fond de cette difficulté : il suffit de remarquer ici que, dans l'opération commerciale des trois contrats, on ne *stipule* point l'assurance du capital et le partage égal : et que l'Assemblée de Melun ne s'élevant que contre cette stipulation, elle n'attaque point l'opération des trois contrats, qui peut avoir d'autres défauts, mais qui n'a pas celui de la réunion de l'assurance de l'argent et du partage égal des profits.

La peinture que les évêques de l'Assemblée font de l'usure qu'ils condamnent, insinue, ce semble, que ce vice ne peut raisonnablement être aperçu dans les prêts de commerce. « Tout le monde sait, disent-ils, que » l'usure, semblable à la rate gonflée qui flé- » trit tout le corps, énerve toute la chose pu- » blique : » *Usuram lienis ad instar inflati et totum corpus marcidum efficientis, omnem rem publicam enervare omnibus notum et compertum est.* Peu importe que cette comparaison et ses principes soient justes ou non : toujours est-il qu'au jugement des évêques dont on oppose l'autorité, des contrats usuraires dans le commerce devraient singulièrement préjudicier au commerce lui-même et à ceux qui le font. D'où suit cette conséquence : que des contrats, une opération, une sorte de prêt, qui, au lieu de produire dans le commerce un *gonflement* vide de choses, au lieu d'en affaiblir le nerf, lui procurent, au contraire, un accroissement substanciel, parce qu'ils l'étendent et le nourrissent en même temps, ne peuvent être accusés d'usure et prohibés à ce seul titre. Or, il semble qu'on peut répéter que « tout » le monde sait, » *omnibus notum et compertum est*, d'après le témoignage irrécusable des négocians, d'après leur conduite, leurs principes, leurs efforts pour défendre et maintenir le prêt de commerce, que cette opération, quelque nom qu'on lui donne, quelque forme qu'elle prenne, non-seulement ne nuit pas à la *chose* commerciale, ne la *flétrit* pas, mais encore contribue à sa prospérité, augmente les richesses de ceux qui la cultivent par état, et est une ressource précieuse pour les capitalistes qui s'associent momentanément à leur fortune.

Sans manquer au respect dû à l'Assemblée de Melun et à ses réglemens, les casuistes mitigés continueront de proclamer l'innocence de la triple opération, que d'autres, non moins recommandables, mais portés à la sévérité, accusent d'usure.

XIV.

Les théologiens rigides, pour prouver, dit l'un d'eux, qu'*on lit encore quelquefois les grands maîtres* (comme si l'on en doutait !), publient hautement qu'ils marchent et combattent sous la bannière de saint Thomas. L'autorité du docteur Angélique est grande dans les écoles : pourtant il était homme ; il a pu se tromper *quelquefois* ; et, en effet, on a relevé plus d'une erreur dans ses écrits. Son sentiment *ne fait* donc *pas loi* ; ce n'est qu'un préjugé favorable.

En proposant cette exception , je ne reconnais pas pour cela que saint Thomas se soit déclaré en faveur des théologiens qui rejettent comme usuraires les prêts de commerce. J'ai eu entre les mains l'ouvrage d'un docteur mitigé qui s'en rapporterait volontiers à ce qu'il a dit, qui le prendrait volontiers pour juge. Le passage objecté (2. 2. Quest. 78. a. 2. ad 5um.) est conçu en ces termes : « Celui qui » confie son argent à un marchand ou à un » ouvrier, en faisant avec lui une espèce de » société, ne lui transfère pas le domaine des » sommes confiées : aussi sont-elles exposées » aux périls du négoce ou de l'ouvrage. Le » prêteur peut, en conséquence, exiger une » partie des profits, attendu qu'ils provien-

» nent d'une chose qui lui appartient. » On conclut de ces paroles que saint Thomas (qui ne parle que du contrat de *société*, et qui affirme que ce contrat est légitime) condamne les *deux autres contrats* (dont il ne parle pas). J'avoue que cette logique est trop fine pour moi; elle prouve cependant que les rigides *lisent encore les grands maîtres ;* mais ne conviendrait-il pas qu'elle prouvât quelque chose de plus?

Il existe un Traité de l'usure parmi les *opuscules* du docteur Angélique; c'est le soixante-troisième. Les théologiens rigides ne veulent pas que ce soit l'ouvrage de ce savant homme : les mitigés prétendent que c'est le dernier fruit de ses études immenses, son testament. Voyons d'abord ce qu'il dit, et combien il serait favorable aux défenseurs du prêt de commerce. « Quelqu'un donne cent bre- » bis à nourrir, dans le dessein d'en retirer » quelque profit ; mais il veut, avant toutes » choses, que le troupeau lui soit garanti » contre tous les événemens. Que penser de » cette convention? IL PEUT Y AVOIR DE L'U- » SURE ; et cela arrive lorsque le commettant

» se réserve une partie du profit tellement
» exorbitaute, qu'il n'en reste plus assez,
» SUIVANT UNE JUSTE ESTIMATION, pour com-
» penser les peines et les risques auxquels s'ex-
» pose le berger ; mais ces sortes de commis-
» sions sont PERMISES, lorsque, suivant une
» juste estimation, on taxe pour le berger une
» partie du profit qui puisse équivaloir à ses
» peines et aux risques qu'il court. » A la
place des *brebis*, mettons des *sacs de mille
francs*, et un *négociant* à la place du *berger*,
il sera conséquent de dire qu'*il peut y avoir
de l'usure* dans la convention qui garantit au
prêteur ses cent mille francs avec le droit acquis à un profit déterminé, parce qu'il peut
arriver que cette retenue du profit soit *tellement exorbitante* qu'*il n'en reste plus assez,
suivant une juste estimation*, pour compenser *les peines et les risques auxquels* le
négociant *s'expose ;* mais que *ces sortes de
conventions sont permises* toutes les fois
que, *suivant* la même *estimation, on taxe
pour* le négociant *une partie du profit qui
puisse équivaloir* et *aux peines* qu'il est
obligé de prendre, et *aux risques qu'il court*

dans les diverses opérations de son commerce.

Si donc mon dessein était d'établir en ce moment la légitimité des trois contrats ou prêts de commerce, j'argumenterais puissamment du passage que je viens de citer, et qui est ou de saint Thomas ou d'un écrivain digne d'avoir été pris pour lui. Mais je me borne à conclure que les théologiens rigides ne peuvent invoquer, en faveur de leur cause, l'*autorité* de ce grand docteur. Et ce *conclusum* a toute la justesse exigée par la saine raison. Serait-il soutenable de citer, contre l'opération commerciale *de quâ*, un auteur qui *peut-être* l'a regardée comme *permise*, qui *peut-être* a pris soin de prouver qu'on ne doit pas la mettre dans la classe des opérations où *il y a de l'usure?* Non, sans doute; cette thèse ne serait pas soutenable. Elle renfermerait une contradiction évidente. Eh bien! saint Thomas a *peut-être* regardé comme permise l'opération des trois contrats; il a *peut-être* pris soin de prouver lui-même qu'il y aurait de l'injustice à la confondre avec les opérations *où il y a de l'usure;* car il est *peut-être* l'auteur du soixante-troisième opuscule où se lit, consignée, l'apologie des prêts de commerce. En ne prétendant que cela, je crois faire preuve de modération.

XV.

On oppose aux casuistes mitigés l'autorité de la Sorbonne.

On ne saurait disconvenir que cette illustre Société n'ait proscrit, sans aucun ménagement, les prêts de commerce, particulièrement en 1641, 1658 et 1665. Si j'étais du nombre des théologiens qui proclament usuraires les trois contrats, j'aimerais beaucoup mieux que ces *censures* fussent plus éloignées les unes des autres. Dans l'espace d'une vingtaine d'années, c'est, moralement parlant, la même génération de docteurs : les trois censures ne sont, pour ainsi dire, que l'acte d'une autorité qui s'est répétée trois fois.

Je n'ai garde de ne pas respecter les décisions d'une compagnie à laquelle j'ai l'honneur d'appartenir ; mais ce respect, ces égards que je leur dois, ne m'empêcheront pas de proposer sommairement diverses considérations qui sont de nature à affaiblir, peut-être même à balancer le poids de cette grave autorité. Le vrai, avant tout.

1°. Les théologiens favorables aux prêts de commerce observent que les premiers actes de sévérité que fit la Sorbonne contre les procédés usuraires datent du quatorzième siècle, « époque, disent-ils, où l'on n'avait pas encore l'idée (*juste*) du commerce d'argent, » et où les profits qu'on en tirait étaient presque toujours viciés par l'usure, » en ce sens qu'ils étaient excessifs, et ne laissaient point aux emprunteurs de quoi compenser leurs peines et leurs risques. La Sorbonne contracta l'habitude de condamner les rentes rachetables des deux côtés ; et, dans les corps , l'habitude exerce son empire d'une manière encore plus absolue que sur les individus.

2°. Au temps du célèbre *Joannes Major,* les casuistes rigides eurent la douleur de voir la Sorbonne se relâcher de son antique sévérité. Les mitigés conservent précieusement le souvenir de cette variation ; et, au besoin, ils opposeraient à l'autorité qu'on leur oppose cette autorité elle-même. Dès-lors, elle ne pèserait plus sur eux ; l'équilibre s'établirait.

3°. La Sorbonne a traité les rentes personnelles comme elle a traité les prêts de commerce ; et les rentes personnelles ont enfin acquis l'existence politique et morale que personne ne songe plus à leur disputer. Pourquoi serait-il défendu aux prêts de commerce d'aspirer au même sort, et de l'espérer ?

4°. On demande si, aux yeux même d'un Français, la science théologique et morale n'a qu'un sanctuaire ? si la faculté de Paris doit l'emporter d'emblée sur celles de Cologne, de Trèves, d'Alcana de Henarès, de Salanamque, d'Ingolstald, de Mayence, etc., sur toutes ces facultés réunies ? si un homme, hors d'état d'examiner la chose par lui-même, ou n'osant se fier à ses propres lumières, l'Eglise se taisant, le Siége apostolique n'ayant point encore parlé, serait coupable de régler sa conduite sur le sentiment de ces facultés étrangères ?

5°. Les théologiens, dit *Melchior Canus*, sont d'habiles gens, quelques-uns de grands hommes : cependant il faut peser leurs raisons.

XVI.

Avant la révolution, les théologiens dé-
clarés contre les prêts de commerce croyaient
trouver protection pour leur sentiment dans
les lois civiles de ce temps-là, et dans celles
qui avaient précédé. Les changemens surve-
nus depuis dans notre législation ayant détruit
ce moyen, nous pourrions le passer entièrement sous silence. A peine offre-t-il aujour-
d'hui ce qu'on appelle un préjugé. Appré-
cions-le néanmoins, comme s'il était encore
de nature à valoir davantage.

Les lois publiées anciennement dans le
royaume sur l'usure n'ont pas toujours été
uniformes. On aurait quelque sujet de penser
qu'aux premiers temps de la monarchie l'u-
sure fut, à quelques égards, tolérée ; c'est, au
jugement de plusieurs savans, ce qu'insinuent
diverses formules de Marculfe, et d'autres re-
cueillies par M. Bugnyon et le P. Sirmond.

Nos rois de la seconde race ne la tolérèrent
pas.

Sous la troisième, les exactions cruelles et
exorbitantes des Israélites lui attirèrent de

*

nouvelles condamnations. Elles commen-
cèrent sous Philippe II, en 1181, et furent
souvent répétées. Il paraît cependant que,
quoique le commerce ne fût pas alors ce qu'il
est devenu depuis, on ne négligeait pas de
faire des exceptions favorables aux prêts qui
se rapportaient à lui. Sur quoi, voyez les ordonnances de Philippe IV, en 1311, et de
Philippe VI, en 1349.

Mais, s'il nous fallait répondre à l'argument que les rigides d'autrefois tiraient de ces
différentes pièces, je dirais : elles ne proscrivent que les *conventions usuraires* ; donc,
pour les étendre aux prêts de commerce, il
vous tombe à charge de prouver que ces sortes
de prêts sont des conventions usuraires ; et,
si vous faites cette preuve, à quoi bon citer
cette multitude de lois civiles ? Elles n'opèrent
rien contre la moralité des prêts de commerce, puisqu'elles ne leur sont applicables
qu'après qu'il aura été justifié que la *note
d'usure* doit leur être imprimée : ou bien,
en d'autres termes, elles les condamnent,
comme toute espèce de convention, s'ils sont
usuraires ; mais elle ne dit pas qu'ils le

soient. Un casuiste mitigé pourrait tenir le même langage qu'elles.

*Vainement objecterait-on, avec un rigoriste de ces temps anciens, qu'*aucune de ces lois ne met de différence entre prêter aux riches et prêter aux pauvres, entre prêt de commerce et prêt de charité*; les mitigés répondront toujours : Mais elles ne condamnent que les conventions usuraires; laissez donc ces lois pour ce qu'elles sont, ou prouvez-nous qu'ils sont positivement compris sous cette dénomination de convention usuraire, les trois contrats ou les prêts de commerce qui en sont l'abrégé. Ces mêmes lois mettent-elles une exception, une *différence* en faveur du prêt intéressé pour cause *de profit cessant*, ou de *dommage naissant* ? Non ; cependant elles ne le proscrivent pas, parce qu'elles ne condamnent que l'*usuraire*, et qu'il ne l'est pas.

La bonne foi veut que je distingue des autres la célèbre ordonnance de Blois, en 1576 ; celle-ci défend, sous de grosses peines, les prêts intéressés, *encore que ce fût sous prétexte du commerce public.* On pourrait peut-être éluder la difficulté, en disant que l'esprit de la loi est de ne prohiber que les prêts usuraires qui se masquent du légitime et spécieux *prétexte du commerce public*, donnant à entendre que, si le commerce public y était véritablement intéressé, l'application des peines n'aurait pas lieu. Je n'admets ni ne rejette cette explication.

Mais j'observe 1°. que, dès 1580, Henri III. porta une atteinte assez forte à l'ordonnance dont il s'agit, en créant des *changeurs* à titre d'office; — 2°. qu'en 1596, Henri IV fit encore plus contre elle. Il permit « aux mar-
» chands trafiquans en change, banque, et
» vente en gros de marchandises étrangères,
» de prendre ou bailler *en dépôt, pour le*
» *temps qu'ils aviseront...*, suivant l'ordre
» et la coutume qui s'exerce à Lyon, Venise,
» Anvers et autres bonnes villes....., à la
» charge que *le profit du dépôt* ne pourra
» excéder le prix permis par l'ordonnance. »
Il est sensible qu'ici *prêt* et *dépôt* sont synonymes.

Avant que la révolution eût introduit en France une législation nouvelle, les casuistes, favorables aux prêts de commerce, répondaient à leurs adversaires, que l'ordonnance de Blois était prescrite, qu'elle était tombée en désuétude; et les rigides leur demandaient, avec une sorte de dédain, « quel cas » on doit faire d'une coutume qui a été con-» traire à l'Écriture-Sainte, à la Tradition, » aux Lois canoniques, aux Lois civiles? » L'équité effacerait plus d'un mot dans cette question. Elle a de plus deux défauts : le premier, de *supposer* l'objet même de la controverse; le second, d'oublier qu'il ne s'agit que de l'Ordonnance de Blois, en tant que loi de l'État, n'ayant, sous ce point de vue, rien de commun avec l'*Écriture*, la *Tradition* et les *Lois canoniques*. Ainsi envisagée, elle peut aussi bien tomber en désuétude, être prescrite, qu'elle peut être modifiée, abrogée. On dirait alors : l'Écriture, la Tradition et les Lois canoniques continuent de prohiber les prêts de commerce; mais l'ordonnance de Blois ne les défend plus. Les casuistes sévères ne sont plus recevables à la citer comme une autorité qui milite pour eux.

Mais en vertu de quoi la coutume, introduite par la désobéissance des sujets tenus à la plus exacte fidélité, dépouille-t-elle de sa force une loi qui ne pouvait, ce semble , la perdre que par un acte du pouvoir dont elle était émanée ? La réponse est d'autant plus aisée, qu'il n'y en a qu'une de possible : c'est que le législateur est censé retirer ou suspendre sa loi , et rendre à ses administrés la liberté morale qu'il leur avait ôtée.

Ce principe avancé , les casuistes du commerce en faisaient leur profit par ce raisonnement :

« Ou jamais la coutume ne prescrit contre la loi , ou la prescription s'opère quand elle réunit ces six conditions : 1°. que la loi soit ancienne , et que le législateur l'ait plutôt affaiblie que renouvelée..... ; 2°. que le motif de cette loi ait été puissant en apparence , mais illusoire en effet...... ; 3°. qu'il y ait de bonnes et fortes raisons pour abroger la loi....; 4°. que la prudence du législateur lui persuade de ne pas déclarer ouvertement cette abrogation...... ; 5°. qu'une infinité de voix s'élèvent pour protester hautement, ou que la loi n'a jamais obligé, ou qu'elle n'oblige

plus......; 6°. qu'il existe une effrayante multitude de coupables , sans espoir de pénitence
et d'amendemens , si le législateur presse en
silence l'exécution de sa loi. »

Or , continuaient les mitigés , toutes ces
circonstances se rassemblent contre l'ordonnance de Blois , et , par conséquent , en détruisent la force.

La loi est ancienne : au temps qu'on proposait cet argument , elle datait de deux
siècles. Durant ce laps de temps , aucun prince
ne l'avait renouvelée ; et nous avons vu qu'un
de nos plus grands et de nos meilleurs Rois y
avait dérogé par un acte solennel.

Le motif de la loi était puissant en apparence : on était persuadé que les prêts de
commerce sont condamnés par l'*Ecriture* , *la
Tradition et les Lois canoniques* ; mais ces
motifs étaient illusoires en effet : nous avons
fourni précédemment les preuves de cette
assertion.

De bonnes raisons sollicitaient depuis long-
temps l'anéantissement de cette loi civile , en
tant qu'elle se rapportait aux prêts de commerce : l'utilité du commerce , en général ,

ou même l'impossibilité de le soutenir dans l'état de splendeur où l'industrie et la circulation de l'argent l'ont élevé, si l'on ferme la bourse des prêteurs ; et c'est la fermer que de leur interdire l'assurance de leurs capitaux et d'un profit quelconque determiné.

La prudence peut engager le législateur à choisir le silence qui accompagne la désuétude, plutôt qu'un acte formel d'abrogation. L'autorité ne paraît pas rétrograder ; et, s'il fallait remettre la loi en pleine vigueur, la variation serait beaucoup moins sensible. On peut ajouter que, comme l'Eglise souffre, entre le dogme et l'hérésie, un assez grand nombre d'opinions intermédiaires que chacun est libre d'embrasser et de rejeter : de même, une sage législation laisse, entre les choses permises et les choses défendues d'autres choses qui ne sont que tolérées : 1°. Pour ne pas choquer l'âpre et dure sévérité de ceux qui ont un penchant décidé vers les prohibitions ; 2°. Pour contenir la trop grande condescendance de ceux qui voudraient étendre les permissions au-delà des justes bornes.

Le cri des administrés qui protestent contre

l'obligation prétendue de ne point alimenter le commerce par le prêt intéressé, n'est pas équivoque. Une multitude d'ouvrages, publiés en leur nom, le font retentir par toute la France et au-delà. Leur conduite est encore un monument perpétuel de réclamation. On avouera, sans doute, que ce sont des hommes pleins d'honneur et de probité, qui aiment leur Souverain, respectent ses lois..., et ne tiennent aucun compte de l'ordonnance de Blois. Et l'on voudra que le Souverain qui, d'un seul mot, pourrait corriger leur erreur, rectifier leur conduite, les abandonne tranquillement aux malheureuses suites d'une désobéissance criminelle ! Le Souverain se tait : donc, point de désobéissance. La loi est prescrite.

Que le nombre des coupables soit excessif, c'est un fait incontestable ; et ce nombre, au lieu de diminuer, si le Souverain continue de se taire, ira toujours en augmentant, et parce qu'on se persuadera d'autant plus fortement que le Souverain a cessé de vouloir qu'on obéisse à sa loi, et parce que la cupidité ne trouve jamais que ce soit assez.

De ces différentes considérations, les casuistes mitigés d'avant la révolution concluaient que le Prince, à titre d'homme, s'était trompé ; qu'à titre de sage, il avait reconnu sa faute ; qu'à titre de Souverain, il croyait ne devoir pas en faire publiquement l'aveu : mais, qu'à titre de père de ses sujets, il tolérait l'infraction d'une loi, qu'il voudrait n'avoir point publiée : détruisant par le repentir intérieur l'obligation de conscience que la loi aurait fait naître.

Ainsi raisonnait-on, il y a cinquante ans, pour soustraire les prêts de commerce à la condamnation que l'ordonnance de Blois semblait avoir prononcée contre eux. Était-ce mal raisonner ?

XVII.

Les rigoristes du temps passé invoquaient une dernière autorité, la jurisprudence des Parlemens, conservateurs et interprètes de la loi du Souverain.

Les mitigés répondaient que l'objection, puisée dans cette source, n'aurait de valeur que si la jurisprudence des Cours séculières eût été uniforme ; et elle ne l'était pas. A la vérité, les Parlemens de Paris, Rouen, Dijon, Rennes, n'admettaient pas les intérêts même stipulés dans ces actes ; mais les Parlemens du Dauphiné, de Provence, de Franche-Comté, de Navarre, et le Conseil souverain d'Alsace permettaient la stipulation des intérêts, sans aliénation de capital. Ce n'est pas ici le lieu de dire qu'*on ne compte pas ces tribunaux, mais qu'on les pèse :* on doit les supposer d'un poids égal, également intègres, éclairés, également amis de la religion et des lois. L'étendue du ressort n'ajoutait rien au mérite du magistrat. N'est-il pas évident que cette scission des juges, presqu'en parties égales, *acquittait* les prêts de commerce de l'accusation que les moralistes sévères intentaient contre eux et contre leurs défenseurs, ou du moins que la cause n'était pas finie, le procès jugé ?

Cette réponse suffisait ; mais les théologiens, favorables aux prêts de commerce, ne s'en contentaient pas. Ils soutenaient que les tribunaux de justice, qui admettaient l'intérêt stipulé, faisaient beaucoup plus pour la cause du commerce que ne faisaient contre elle, les tribunaux qui le rejetaient. Cette assertion, tant soit peu paradoxale, est appuyée sur quelques raisons plausibles. Les parlemens qui adjugeaient au prêteur l'intérêt stipulé, devaient être convaincus, ou que l'Ordonnance de Blois ne l'avait pas défendu, ou que cette loi était tombée en désuétude : au lieu que les parlemens, qui ne l'adjugeaient point, n'avaient pas besoin d'être *convaincus* que la loi dont il s'agit était encore en pleine vigueur, et qu'elle frappait sur les prêts de commerce. Il se pouvait qu'à leurs yeux, l'incertitude de ces deux points de droit motivât le rejet de l'intérêt stipulé. On s'en tenait à la lettre de la loi qui, *peut-être*, n'était pas prescrite. Il se pouvait aussi qu'ils aperçussent, dans la légitimation de l'intérêt commercial, des inconvéniens, des suites, qui justifiaient leur sévérité. On va jusqu'à dire qu'ils indiquaient, par leur conduite, que telle était leur théorie. En effet, ils ne faisaient aucunes poursuites ni contre ceux qui prêtaient au commerce leur argent à intérêt, ni contre ceux qui le recevaient à cette condition. La peine infligée n'était que la nullité de la clause, la nullité de l'engagement de payer quelque chose au-delà du principal. Etait-ce bien là se conformer à l'ordonnance de Blois, qui décernait de *grosses peines* contre les infracteurs?

Enfin, n'est-il pas permis de faire remarquer que la jurisprudence de ces Cours séculières attribuait un intérêt légal au prêteur, à compter du jour qu'il avait formé en justice la demande en restitution ? Cependant, le capital n'était ni plus ni moins aliéné qu'auparavant.

XVIII.

Il ne paraît donc pas qu'aucune autorité faisant loi puisse être alléguée par les moralistes rigides, pour taxer d'usure les prêts de commerce, ou les *trois contrats* qui (on ne saurait trop le répéter) sont la même chose. Mais cette opération, qu'ils décrient d'une manière si acerbe, peut-elle se couvrir aujourd'hui d'une autorité que ses ennemis seront contraints, par leur fait, de respecter ? Puisqu'ils opposaient à leurs adversaires les Ordonnances de nos Rois, et la jurisprudence des parlemens , ils reconnaissaient que les actes de l'autorité temporelle sont d'une haute importance dans la question présente ; et que si, seuls, ils ne la décident pasabsolument, du moins ils contribuent à fixer les idées sur la moralité intrinsèque du prêt intéressé. A l'ancienne législation en a succédé une nouvelle, établie d'une manière uniforme dans toute la France, et maintenue dans toutes les Cours royales sans exception. Et qu'a-t-elle statué sur le point que nous discutons ? « Il est permis de STIPULER des intérêts » pour simple prêt, soit d'argent , soit de » denrées , ou autres choses mobilières. » (*Code civil*, art. 1905). »— « L'intérêt » est légal ou conventionnel. L'intérêt légal » est fixé par la loi : l'intérêt conventionnel » peut excéder celui de la loi, toutes les fois » que la loi ne le prohibe pas. (*Ibid.*, art. » 1907).» Une loi postérieure et supplémentaire a réglé que l'intérêt du prêt, hors le commerce, n'irait que jusqu'à *cinq pour cent*, et que, dans le commerce, il ne dépasserait pas *six*.....

Ainsi l'autorité civile , cette autorité dont

les rigoristes faisaient tant de bruit, au temps qu'ils s'imaginaient qu'elle leur était favorable, s'est enfin ouvertement déclarée pour le prêt intéressé dans le commerce : elle en proclame l'innocence, elle le permet expressément ; et, de peur qu'il ne dégénère, de peur qu'il ne devienne usuraire par l'excès, par un taux trop élevé, elle-même prend le soin d'en régler la quotité.

Que diront maintenant les censeurs de l'opération commerciale ? Sera-ce que l'autorité temporelle ne mérite l'attention de la saine théologie que lorsqu'elle parle comme eux, et qu'elle cesse d'être *une autorité* quand elle tient un langage qui n'est pas le leur ? Je les estime trop pour les supposer capables de ce travers d'opinion. Il y a plus : je me persuade que tous sentiront, comme je le sens, que le souverain de l'ancienne législation pouvait interdire le prêt intéressé sans le flétrir, sans le dénoncer comme usuraire, sans croire qu'il méritât cette qualification. N'a-t-on pas souvent des raisons de prohiber ce qui, en soi, est incontestablement légitime ? (On en trouverait des exemples par milliers , soit dans l'ordre civil , soit dans l'ordre ecclésiastique. Veuillez seulement considérer avec attention les lois prohibitives sur le mariage)..... Mais la législation nouvelle n'a pu *permettre*, permettre expressément le prêt intéressé , sans faire entendre qu'elle le croit légitime , et que c'est d'après cette persuasion qu'elle le permet. Remarquez que je n'avance pas qu'il est impossible que sa persuasion la trompe : tout ce qui n'est qu'humain peut payer tribut à l'erreur. J'avance seulement un fait ; et je ne crois pas que qui que ce soit me le conteste. C'est la croyance de la légitimité du prêt intéressé que j'attribue au souverain qui permet légalement qu'on prête de cette manière.

Les rigoristes chercheront-ils à déprécier la loi que j'ai citée, en insistant sur les vices de son origine ? Un mot écartera cette difficulté : l'ADOPTION les a tous corrigés.

Je ne me bornerai plus à conclure qu'aucune autorité, faisant loi, n'a déclaré que les prêts de commerce sont usuraires : je conclurai qu'une autorité bien respectable ,

quoique sujète à erreur, a déclaré solennellement qu'ils ne le sont pas.

XIX.

Puisque, dans l'ordre religieux ou cano-
nique, les autorités sont muettes, ou que du
moins elles ne parlent pas contre les prêts intéressés du commerce, de manière à justifier
le rigoriste qui les condamne, ayons recours à
la raison ; interrogeons-la sur leur compte ;
demandons-lui ce qu'il en faut penser : et que
ses réponses deviennent la règle de nos senti-
mens et de notre conduite. Tout homme qui
raisonne avouera que c'est non pas seulement
le plus sage parti à prendre, mais encore le
seul qu'il soit possible d'embrasser ; et, de
fait, tous les *tenans*, dans cette longue et
vive controverse, rigides et mitigés, ne con-
sultant que LEUR raison, supposent qu'il appartient exclusivement à LA raison de terminer cette lutte mémorable.

Pour mettre de l'ordre dans la discussion,
je fais quatre classes des docteurs sévères qui
combattent les trois contrats, et défendent,

*

au nom de la raison, de les employer dans le commerce :

Les Timides,
Les Inconséquens,
Les Disjonctifs,
Les Réservés.

XX.

Première classe : les *Timides*. — « Que
» voulez-vous de plus, disent-ils (c'est aux
» théologiens du commerce qu'ils adressent
» la parole)? Vous soutenez que la Sainte-
» Ecriture et la vénérable tradition ne tou-
» chent point aux prêts de commerce, aux
» trois contrats, et nous vous l'accordons ;
» vous soutenez que la bulle de Sixte V, que
» Benoît XIV, le clergé de France, etc., ne
» condamnent pas la triple opération ; et nous
» vous l'accordons..... Mais nous soutenons,
» nous, et il faut que vous l'accordiez, que
» les prêts de commerce ou les trois contrats
» sont, en morale, une opération dange-
» reuse ; que des intentions usuraires peuvent
» la souiller ; qu'elles la souillent ordinaire-

» ment. Cette opération fût-elle donc légi-
» time, abstraitement considérée, légitime
» en soi, il ne serait ni prudent ni sûr de s'y
» livrer : une conscience délicate l'improuve-
» rait toujours ; et, bien chrétienne, elle ne
» se la permettrait jamais..... »

Mais, si délicate et si chrétienne qu'on la suppose, elle se permettra, se croira même obligée de se concerter avec la raison pour affranchir une opération légitime de tous les soupçons qui la rendraient stérile, en empêchant *de s'y livrer*.

On accorde que les trois contrats sont une opération légitime : je puis donc avoir intention de les faire. Les trois contrats sont, 1°. un contrat de société, 2°. un contrat d'assurance, 3°. un contrat de vente. L'effet nécessaire de cette triple opération est d'assurer le retour du capital avec l'accroissement d'un profit déterminé : je puis donc, moi qui suis dans l'impuissance d'arrêter, de suspendre un effet qui suit nécessairement de sa cause; je puis avoir intention d'assurer le retour de mon capital avec l'accroissement d'un profit déterminé. Je le puis, parce qu'au jugement de la raison, l'effet nécessaire d'une cause légitime est aussi légitime qu'elle. Mais si je puis, en conscience, avoir ces diverses intentions, quels sont les dangers que je dois craindre? En quoi la prudence sera-t-elle offensée? la sûreté, la morale et la religion compromises?

Craignez, me diront les docteurs scrupuleux, d'avoir intention de prêter, et de retirer des intérêts en vertu du prêt *seulement :* cette intention est usuraire. J'avouerai que cette crainte n'est pas chimérique, lorsqu'on m'aura fait voir que les hommes sont gratuitement méchans ; que de deux routes qui conduisent également à leurs fins, ils choisissent de préférence celle que l'honneur et la religion leur interdisent : par exemple, que, voleurs du bien d'autrui, ils arrosent de sang les dépouilles qu'ils enlèvent quand ils peuvent contenter leur avidité, et se mettre à l'abri des poursuites sans le répandre. Il est, j'en conviens, quelques créatures humaines qui aiment le mal pour le mal, qui le font pour avoir le plaisir de le faire ; mais ce sont des exceptions; et, en morale, les théories ne s'établissent que sur les généralités. Or, parmi des milliers de prêteurs à intérêt pour le commerce, vous n'en rencontrerez peut-être pas un seul qui se déterminât pour l'intention usuraire; pouvant, avec une intention légitime, arriver au même but.

Au reste, le danger qui accompagne une opération utile ou même nécessaire n'est pas une raison d'y renoncer ; c'est un avertissement de prendre ses précautions, et les personnes instruites doivent les indiquer à celles qui ne le sont pas.

XXI.

Seconde classe : les *Inconséquens*. — Ils accordent qu'on peut ajouter au contrat de société un contrat d'assurance du capital ; mais qu'on ne peut pas y joindre un troisième contrat, celui de vente d'où résulte, pour le prêteur, un intérêt certain et déterminé. C'est, selon eux, cette troisième opération qui rend usuraire toute la besogne. Montrons, en peu de mots, l'absurdité de ce système mitoyen.

Un riche propriétaire qui voulait accroître son *avoir* par le commerce, mais qui n'y entendait rien, vendit une terre, et remit *cent mille francs* entre les mains d'un négociant dont les spéculations se portaient sur la traite des nègres : on pensait alors qu'elle était légitime. Un acte de société fut dressé. L'homme à l'argent et l'homme à l'industrie devaient partager également les profits qu'une estimation justifiée, disait-on, par l'expérience, élevait à cent pour cent au moins. Les pertes devaient aussi être supportées par parties égales; et il se pouvait qu'elles fussent considérables, ou même qu'elles absorbassent toute la mise. Le *propriétaire* éprouva des critiques de plus d'un genre. On parvint à lui inspirer des craintes pécuniaires sur le succès de son entreprise. Il regretta ses champs et ses bois qui, immuables et sous un beau ciel, n'appréhendaient ni les coups de vent, ni l'audace des flibustiers, ni la révolte de quelques centaines d'Africains que leur courage et la négligence de leurs gardiens auraient rendus libres. Bref, il voudrait bien retenir son argent. Naturellement franc, il ne dissimula pas ses inquiétudes à son associé; et l'honnête négociant lui dit aussitôt qu'il y avait un

moyen de les calmer : « Abandonnez-moi la
» moitié de votre part des profits que nous
» espérons, et je vous assurerai le retour de
» vos cent mille francs, en exemption de
» toutes charges. » Le directeur fut consulté ;
et il décida que la conscience ne devait pas
murmurer contre cet arrangement : on le fit.
« Actuellement, dit le négociant au proprié-
» taire, je vous assurerai un profit net de six
» mille francs, si vous consentez à m'aban-
» donner le reste de vos espérances. Alors,
» vous n'aurez plus rien à voir dans l'opéra-
» tion commerciale que nous avions com-
» mencée ensemble ; et moi, je n'aurai plus
» rien à vous demander : tout sera pour moi,
» profits et risques. » Le directeur fut consulté encore une fois, mais seulement pour la
forme et par déférence ; car on savait d'avance
ce qu'il prononcerait. Jugez donc de l'étonne-
ment, quand il prononça *que l'assurance
des six mille francs de profit serait*, pour
l'homme à l'argent, *un péché mortel s'il les
recevait, et qu'il en devrait la restitution...*

« Vous me paraissez peu conséquent dans
» vos décisions (c'est l'intéressé qui parle au

» casuiste). Quoi! l'abandon d'une partie de
» mes espérances aura pu m'assurer légitime-
» ment le retour de cent mille francs ; et l'a-
» bandon de l'autre partie, égale à la pre-
» mière, ne pourra pas m'assurer le profit de
» six mille francs ! La première moitié de mes
» espérances *en profit* était appréciable à prix
» d'argent, vous en convenez ; j'aurais pu la
» vendre *tant :* pourquoi la seconde moitié
» de mes espérances ne serait elle pas appré-
» ciable de même ? pourquoi me serait-il dé-
» fendu de la vendre *tant* : six mille francs,
» valeur qui m'est offerte par un homme très-
» intelligent, et qu'on ne soupçonnera pas,
» en matière de commerce et d'intérêt, de
» négliger ses avantages ?... » Ceci n'a point
du tout l'air d'une vaine subtilité ; et il me
semble difficile que les rigoristes, dont il s'agit
dans cet article, y donnent une réponse satis-
faisante.

En voici pourtant un qui tente l'aventure,
et même assez adroitement. « Il est sans doute
» permis (*je cite ses propres paroles*) de
» vendre un grand gain espéré, sur lequel on
» a un véritable droit..... Mais s'ensuit-il que

» vous puissiez vendre un gain espéré sur le-
» quel vous n'avez aucun droit ? Vous préten-
» dez que l'argent négocié par Robinson (*le*
» *commerçant*) est le vôtre ; vous supposez
» ce qui est évidemment faux. Robinson, em-
» prunteur, a lui seul le domaine de l'ar-
» gent qu'il emprunte pour son commerce...
» J'ai fait, direz-vous, un contrat de société
» avec Robinson... Et moi, je vous réponds :
» Vous avez anéanti la société faite avec Ro-
» binson..... Dès que Robinson assure tout
» votre capital, sans recevoir de vous un
» paiement réel pour prix de l'assurance, de
» ce moment toute société disparaît, elle
» tombe dans le néant. Donc, les droits qui
» résultent de la société sont pareillement
» anéantis. »

Cet argument, que le rigoriste propose avec
tant de confiance, qu'il croit insoluble, est la
faiblesse même. Peut-être n'en existe-t-il pas
un seul, parmi les mauvais, qu'on puisse
combattre avec tant et de si bonnes raisons.

1°. Il suppose que l'argent est venu *par
emprunt* entre les mains du négociant ; que
celui-ci l'a emprunté *pour son commerce.*

Fausseté. L'*argent* ne se trouve là que par un acte de société; et, dans cette société, le négociant n'est que pour l'*industrie*.

2°. Il suppose que le contrat d'assurance dépouille l'homme à l'argent de la propriété des sommes par lui mises dans la société; et ce principe ne saurait être vrai qu'en vertu d'un principe plus général, savoir, « que qui » fait assurer une *chose* en perd la propriété; » car on ne voit pas pourquoi le mot *chose* désignerait plutôt un objet qu'un autre, un sac d'argent qu'une maison, un navire, etc. Or, il est d'un usage universellement reçu de passer des contrats d'assurance, nonobstant quoi la chose assurée demeure en toute propriété à celui auquel elle appartenait avant la convention : tels sont le *commodat*, le *dépôt*, le *louage*. Le rigoriste que j'ai cité avoue, avec une bien louable franchise, que *la plupart des théologiens* reconnaissent la légitimité de ces sortes d'*assurances*. Quant à lui, il pense que *cela paraît trop favorable aux défenseurs du triple contrat:* en conséquence il aime mieux faire bande à part, *tenter une autre voie.* Nous, moins hardis, nous continuerons de tenir pour certain que l'expéditionnaire qui met à la diligence un baril d'argent monnayé, et le fait *assurer* contre les accidens du transport ; que le négociant qui envoie aux îles lointaines une ample cargaison de marchandises de notre pays, et la fait *assurer* contre les dangers d'une longue et périlleuse navigation ; que le grand seigneur qui se bâtit un palais, et le fait *assurer* contre l'incendie....., ne perdent pas la propriété, le premier de son argent, le second de ses marchandises, le troisième de son habitation. Nous laisserons nos adversaires *tenter*, si cela leur plaît, l'*autre voie*, au bout de laquelle on rencontrerait un matelot anglais, qui aurait perdu la *propriété de sa vie*, parce que, se faisant valoir au plus haut prix possible, il se serait fait *assurer,* afin qu'en cas d'événement sa femme et ses enfans héritassent de quelque chose après lui.

3º. Notre rigoriste, en disant que *toute société disparaît,* du moment que *Robinson assure tout le capital* de son associé *sans recevoir* de lui *un paiement réel pour le prix de l'assurance,* suppose deux choses : la

première, que, si l'assurance avait été réellement payée, la société et ses effets subsiste-
raient encore ; la seconde, que l'assurance n'a
pas été réellement payée. Je demande acte de
la première supposition, et m'inscris en faux
contre la seconde. L'assurance a été réellement payée. N'a-t-on pas *donné* pour l'acquérir une portion des espérances qu'on avait
dans la société ? Le paiement n'est-il pas *réel*
toutes les fois que ce que l'on *donne* a une
valeur réelle ? Et des espérances commerciales
qu'*il est sans doute permis de vendre*, des
espérances que l'homme intéressé à en exté-
nuer la valeur porte lui-même à *six mille
francs*, ont une valeur incontestablement
réelle. Donc le négociant a reçu le prix de
son *assurance ;* et, à ce moyen, de l'aveu du
rigoriste, la société n'est pas rompue; elle n'a
subi qu'une nouvelle modification.

4°. La société est anéantie par le contrat
d'assurance ! Je veux bien le supposer.
L'homme à l'argent, au lieu de la propriété,
du domaine de son argent, n'a plus que la
certitude, l'assurance de son retour à une
époque fixe et convenue. Suit-il de cette

double supposition que *tous les droits qui résultent de la société sont pareillement anéantis* ? Oui et non. Je dis oui, si la rupture de la société a été absolue, ou sans autre condition que l'assurance du capital. Je dis non, et crois énoncer une proposition évidente, si la rupture de la société a été conditionnelle, et qu'on ait stipulé d'autres conditions que celle de l'assurance du capital. Ces autres conditions, sans lesquelles la société n'eût pas été rompue, et le domaine des cent mille francs abandonné, ont autant d'existence et de réalité, qu'en a l'anéantissement de l'acte primordial de l'association. Elles en sont, en quelque sorte, la cause. Si on ne les remplissait pas, la société primitive revivrait, parce qu'elles font essentiellement partie de la convention qui a été substituée à l'acte de société. Or, quand notre capitaliste de cent mille francs a consenti que la société qu'il avait faite avec le négociant pour *la traite des nègres* fût dissoute, il a été stipulé de part et d'autre, 1°. que le retour de l'argent du capitaliste serait assuré ; 2°. que, pour obtenir cette assurance, le capitaliste ferait au négociant l'abandon de la moitié de la part des profits qui lui seraient revenus de l'opération commune ; 3°. que l'autre moitié de la part desdits profits LUI DEMEURERAIT. Donc, nonobstant la dissolution de la société, et par suite de la convention qui l'a accasionée, le *quart des profits espérés* est encore la propriété du capitaliste. Il a donc pu le vendre, et le négociant a pu l'acheter par la somme de *six mille francs*, plus ou moins. Ce raisonnement est, pour moi, de l'évidence qui ne trompe point ; mais je puis l'apercevoir où elle n'est pas.

5°. Et je finis par cette réponse, qui me paraît ne pouvoir pas souffrir de réplique. — Ainsi, vous convenez, dirai-je au théologien qui abandonne *la plupart* de ses confrères, parce qu'ils rendent hommage à une vérité trop favorable au *triple contrat....*; vous convenez que, si la société du capitaliste et du négociant n'était point anéantie, que si elle subsistait, l'homme à l'argent aurait encore le domaine de ses cent mille francs, puisqu'il n'en est dépouillé, selon vous, que par l'anéantissement de la société ; vous convenez que la société n'étant point *tombée dans le néant*, elle produira ses *effets* utiles aussi bien en faveur du capitaliste qu'en faveur du négociant, puisqu'ils sont l'un et l'autre membres de l'association : ces *effets*, avant que l'affaire soit terminée, ne sont qu'*un grand gain espéré*, probable à un degré quelconque ; enfin vous convenez que l'associé capitaliste pourrait vendre tout ou partie de ce qui lui appartient dans ce gain espéré, cette vente étant permise, quand on a *sur* cet objet *un véritable droit...* Après ces concessions, il est naturel qu'à mon tour je vous en fasse quelques-unes. Je conviendrai donc (mais seulement pour le moment,) que le contrat d'assurance anéantit la *société* et ses *effets* ; que le capitaliste n'a plus le domaine de son argent ; qu'il ne lui reste rien à vendre sur quoi il ait *un véritable droit.....;* et, fort de mes aveux et des vôtres, et de leur combinaison, je soutiendrai, je démontrerai que le capitaliste et le négociant peuvent légitimement passer entre eux les trois contrats ; et cela d'une manière si simple, si facile, et en même temps si nette et si péremptoire,

que le préjugé lui-même ne pourra se défendre d'y acquiescer. En effet, il suffira de
mettre à la tête des trois contrats le contrat
de société , et de faire changer de place
aux deux autres. Ce ne sera plus , 1º. ,
contrat de société, 2º. contrat d'assurance,
3º. contrat de vente : ce sera contrat de société , contrat de vente et contrat d'assurance.
Dans vos principes (je parle toujours au rigoriste) , ce léger déplacement, que le capitaliste et le négociant sont libres de faire ,
opérera pour l'un l'assurance de son argent
et d'un profit déterminé ; pour l'autre , tous
les profits et tous les risques de la spéculation
commerciale ; et ce résultat ne pourra plus
être raisonnablement critiqué. Suivez-moi :
les deux associés ont l'espoir bien fondé d'un
grand profit. L'associé capitaliste met en
vente la moitié de sa part du profit espéré.
Cette vente lui est *permise*, en vertu de son
droit qui est véritable. L'associé négociant
demande la préférence, et offre une somme de
six mille francs. Le capitaliste accepte la proposition. Quel que soit l'événement du commerce , il est assuré d'un profit de six mille

francs échangé contre la moitié de ses espérances légitimes, dont il a pu faire et dont il
a fait l'abandon. Du reste, la société continue.
L'argent du capitaliste est encore exposé à des
risques, et il lui reste le *droit* de prendre *un
quart* dans la totalité des profits espérés. Ce
droit du quart des profits, il annonce qu'il
en fera le sacrifice en faveur de celui qui lui
assurera ses cent mille francs. Son associé, le
négociant, s'empresse de conclure ce marché,
que tout le commerce trouve avantageux. De
cet instant, la *société* est rompue, tous les
effets bons ou mauvais, que produira la spéculation commerciale avec l'argent du capitaliste, seront pour le négociant; mais le capitaliste est légitimement *assuré* du retour de
ses fonds, accrus d'un profit déterminé. Vous
voyez que si l'on voulait être *conséquent*, il
faudrait peu de chose pour ramener la paix et
l'unité dans les écoles de morale, touchant
les prêts de commerce.

*

XXII.

Troisième classe, les *Disjunctifs*. — Les idées de cette section des casuistes rigides m'ont toujours paru extrêmement singulières. Ils disent que les trois contrats sont légitimes, si on les passe avec trois personnes différentes; mais qu'ils cessent de l'être, si l'on contracte avec une seule et même personne. Je puis faire avec *Pierre* un contrat de société : un contrat d'assurance de mon capital avec *Jacques* : un contrat de vente avec *Jean* ; mais je ne puis pas faire avec *Pierre* les contrats de société, d'assurance et de vente. Quelques-uns néanmoins, je dirais volontiers plus raisonnables, permettent avec *Pierre* les contrats de société et d'assurance ; mais non le contrat de vente. Ce système n'est appuyé que sur une seule considération, savoir : que je ne puis traiter avec *Pierre*, mon associé; de l'*assurance* de mon argent, par l'abandon d'une partie de mes espérances, et lui *vendre* ensuite ce qui me reste de mes droits au profit, sans que la société dégénère en un *prêt simple* ; et ce prêt est usuraire, quand on en retire un intérêt. Voilà ce qu'un habile homme appelle : « le raisonnement le plus spécieux » des docteurs sévères ».

J'aurai bientôt l'occasion d'examiner avec quelque étendue cette société dégénérée ; et les principes développés dans l'article précédent suffiraient, ce me semble, pour résoudre cette étrange difficulté. Je me bornerai ici à un petit nombre de réflexions, qui, je l'espère, l'écarteront de manière à ce qu'elle n'alarme plus les consciences timorées.

Que je fasse les trois contrats avec une seule et même personne, ou que je les fasse avec trois personnes distinctes ; c'est par rapport à moi la même chose. Les résultats en ce qui me concerne sont les mêmes : je me procure l'assurance de l'argent que j'ai mis dans la société, et d'un intérêt fixe et convenu. Et, puisqu'on déclare ces contrats légitimes, si je contracte avec trois ou deux personnes différentes, il faut qu'en eux-mêmes et par rapport à moi, ils soient légitimes : sans cela, je ne pourrais les faire avec personne. Légitimes par rapport à moi : j'ai eu par conséquent de quoi payer, et j'ai payé en effet à *Jacques* ce que je lui devais pour l'assurance de mon argent, et à *Jean*, ce qu'il avait droit d'exiger pour l'achat de mon profit déterminé. Ces moyens de paye-ment, où les ai-je puisés ? Dans mon acte de société avec *Pierre*. Maintenant conçoit-on qu'un double contrat, légitime en soi, légi-time par rapport à moi, légitime avec *Jacques* et *Jean*, devienne criminel, si je contracte avec *Pierre* mon associé ; criminel avec un homme qui n'en éprouve pas plus de lé-sion que les deux autres ; criminel avec un homme qui le regarde comme avantageux pour lui, et qui s'y connaît, qui me demande la préférence, et auquel il semble qu'elle soit due, puisqu'il est déjà mon associé, et que les autres ne me sont rien ? Oui, tous les théo-logiens se réuniraient pour le soutenir, l'é-glise le déciderait.... ; qu'en me soumettant sans balancer et sans restriction, je ne le concevrais pas. Je ne fais pas plus de tort à *Pierre*, que je n'en fais à *Jacques* et à *Jean* : je donne à *Pierre*, pour m'assurer capital et profit, ce que je donne à *Jacques*, pour l'as-surance du profit : ce sont *les mêmes va-leurs*, mes espérances, mes *droits* que personne ne me conteste , et dont je puis disposer de toutes les manières possibles et légales: *valeurs* qui auront en quelque sorte plus de prix entre les mains de *Pierre*, qu'entre les mains d'un autre ; parce qu'alors , *un autre* n'aura pas le droit d'inspecter ses affaires , de lui demander des comptes , etc ; parce que son ardeur pour le travail , ses soins , sa vigilance augmenteront d'autant plus , qu'il y aura tout à gagner ou tout à perdre pour lui...; et moi, en contractant avec *Pierre* seul , j'ai moins d'avantages qu'en contractant avec *Pierre* et les deux autres. Je n'ai qu'une garantie au lieu de trois.

Envisageons la chose sous un autre point de vue. La *société* est établie entre *Pierre* et moi ; nous aurons chacun la moitié des bénéfices espérés. J'échange avec *Jacques* une portion de mes profits futurs contre l'assurance de mon capital ; je vends le reste à *Jean* pour l'assurance d'un intérêt déterminé. Jusque-là , tout est parfaitement en règle ; mes trois contrats sont légitimes : je les ai faits avec trois personnes différentes. Mais qu'arrive-t-il ? *Pierre*, mon associé , va trouver

Jacques; et, par un quatrième contrat, devient propriétaire de l'objet que j'ai cédé à celui-ci. Puis il s'adresse à *Jean*; et, par un cinquième contrat, il devient propriétaire de l'objet que j'ai vendu à ce tiers. Il s'est mis à leur place ; c'est à lui que j'aurai affaire, et pour l'assurance de mon capital, et pour l'assurance de mon intérêt. J'aurai même gagné, à ce revirement, d'avoir une caution que je n'aurais pas eue si j'avais traité immédiatement avec *Pierre*, de mes deux assurances. Dans cette suite de contrats, on n'aperçoit rien qui puisse choquer les idées d'un casuiste sévère. La matière, le mode, l'effet, tout en est honnête ; et il n'y en a pas deux dont les contractans soient les mêmes..... Et cependant, à quoi aboutissent ces diverses opérations ? quel en est le dernier résultat ? Exactement celui que présenteraient les trois contrats de société, d'assurance et de vente, que j'aurais successivement passés avec *Pierre*. Il ne paraît plus que deux intéressés, lui et moi ; lui, qui a l'usage ou, si l'on veut, le domaine de mon argent ; et moi, qui tiens de lui la garantie du retour de mes capitaux, et l'assurance ou le payement d'un profit déterminé. Après bien des détours, nous voilà revenus au même point. *Pierre* est chargé de tous les risques ; mais il s'est approprié de grandes espérances : moi, des espérances, je n'en ai plus ; mais j'ai acquis la sûreté de mon argent, et la certitude d'un gain modique. La *société* est en apparence dégénérée en un *prêt simple :* en réalité, elle a produit un état de choses, légitime dans toutes ses parties. N'aurait-il pas autant valu en venir là d'abord ? Bien entendu qu'on aurait eu l'intention formelle de ne pas faire de l'usure.

Quoi qu'il en soit, *Pierre* et moi, nous sommes contens, et les rigoristes devraient l'être. J'en connais un, moins poli qu'il ne convenait, qui a imprimé que *Pierre est un imbécile.* Attribuons ce mot au dépit d'avoir défendu une mauvaise cause, ou d'en avoir mal défendu une bonne : personne ne le répétera.

XXIII.

Quatrième et dernière classe : les *Réservés.* — Les théologiens auxquels je donne ce nom, refusent de proclamer avec nous, et avec d'autres rigoristes leurs confrères (qu'ils avouent l'emporter sur eux en nombre), la légitimité des trois-contrats passés entre quatre personnes différentes. Ils n'entreront point en discussion, soit qu'ils en redoutent l'issue, soit qu'ils se persuadent pouvoir arriver à leurs fins par une voie plus courte. On dirait que leur système d'attaque ne consiste que dans un argument *ad hominem.* « Vous » prouvez que les prêts de commerce sont » légitimes, en procédant ainsi : *Les prêts* » *de commerce entre le négociant et le capi-* » *taliste sont l'équivalent d'un contrat de* » *société, d'un contrat d'assurance, d'un* » *contrat de vente, que passeraient en-* » *semble le capitaliste et le négociant.....* » *Ces trois contrats ont la même mo-* » *ralité que trois autres contrats sem-* » *blables, que feraient ensemble le négo-* » *ciant, le capitaliste, et deux autres per-* » *sonnes : et de ces derniers contrats, la* » *légitimité ne peut être contestée.* Donc, » *la légitimité des prêts de commerce est* » *incontestable.* Nous, reprennent-ils, nous » procédons de cette manière : *Les trois*

» *contrats de société , d'assurance et de*
» *vente , passés entre quatre personnes dif-*
» *férentes , ont la même moralité que les*
» *mémes trois contrats passés entre le né-*
» *gociant et le capitaliste* (c'est vous qui le
» dites). *Ces trois derniers contrats sont*
» *l'équivalent des préts de commerce* (c'est
» encore votre thèse) : *et les préts de com-*
» *merce sont manifestement usuraires.*
» *Donc, vos trois contrats et leurs com-*
» *binaisons ne sont qu'une usure pal-*
» *liée..... »*

Ce qui signifie que cette espèce de casuistes
sévères voudraient que, dans la question présente, on ne parlât point de ces *trois contrats*
qui importunent le rigorisme , et qu'on se
bornât à examiner immédiatement et en eux-
mêmes les *préts de commerce* : jour sous
lequel il serait plus facile à leurs sophismes
de faire illusion, tant à cause du nom de *prét,*
qu'un usage abusif a introduit, que parce qu'il
semble , en vertu de ce nom , que le profit
déterminé, qui revient au capitaliste , ne résulte que du simple prêt : ce qui constitue
véritablement l'usure.

Mais, n'est-il pas contre toute raison que ce soit l'assaillant qui prescrive impérieusement le mode de la défense ? En quoi sera-t-on libre, indépendant, si on ne l'est pas dans le choix des moyens de repousser une attaque qu'on croit injuste et déplacée ? Vous dites que *mon action* est immorale; et je ne pourrai pas répondre : « Elle est la même que telle » autre action dont la moralité n'est pas con- » testée, de votre aveu, par la *plupart des* » *théologiens*, et ne devrait l'être par per- » sonne ; donc, mon action n'est pas immo- » rale ? » Vous, qui êtes l'aggresseur, vous serez forcé, malgré votre répugnance, d'é- couter les preuves, 1°. de l'identité des deux actions ; 2°. de la moralité de l'action avec laquelle je soutiens que la mienne s'identifie ; vous serez forcé d'y répondre, de les détruire. Sans cela, au tribunal du bon sens, il sera pro- noncé qu'à tort votre zèle inconsidéré accuse *mon action* d'être immorale.

Maintenant, donnons audience aux raisons directes et immédiates des casuistes *réservés*. Au fond, elles ne diffèrent pas de celles de leurs autres confrères ; mais ils en composent une masse, et les développent davantage.

« La double assurance du capital et d'un
» profit déterminé, disent-ils, anéantit toute
» société, parce que, suivant tous les auteurs
» (*le Digeste compris*), l'idée de société
» emporte nécessairement une participation
» de risque entre les associés. »

J'accorderai, pour un moment, que les prêts de commerce ne sont pas, en définitive, un contrat de société. Ils le supposent d'abord, et le détruisent ensuite. Ils reposent sur lui ; c'est leur base. Le contrat de société les a, pour ainsi dire, engendrés. Cette production nouvelle, substituée à l'autre, se nomme *prêt de commerce*, peut-être pour faire entendre que ce n'est point un simple prêt d'argent, mais un prêt *utile* au capitaliste. « Vous avez cent mille francs écus, me
» dit un négociant ; j'ai en tête une belle spé-
» culation : *associez* votre argent à mon in-
» dustrie, et nous aurons l'espoir le mieux
» fondé de doubler votre capital. L'opération
» finie, nous partagerons le profit » — Soit, dis-je ; la société est établie. Il reprend :
« J'aimerais beaucoup mieux que vous m'a-

» bandonnassiez toutes les *espérances*, que
» vous missiez tous les *risques* à ma charge ,
» et que vous vous contentassiez de votre ar-
» gent, et d'un profit à dire d'experts, que je
» vous assurerais. Je pourrais y gagner, y
» perdre, mais je serais plus libre...»— Soit,
lui dis-je encore : la première société est dé-
truite..... ; un nouvel accord a succédé, un
nouveau contrat *innomé ;* et ma double
assurance n'est point le fruit du *prét simple*
de mon argent , mais de l'abandon que j'ai
fait de toutes les espérances que la société
m'avait acquises...... Désormais, *si je place*
(je préfère ce mot à *si je préte*) de l'argent
dans le commerce, je dirai, ou serai censé dire
au négociant : « ASSOCIEZ mon argent à votre
» industrie, et arrangez les choses de ma-
» nière que l'usure en soit bannie. » Il me
répondra , ou sera censé me répondre : *Tous
les risques et toutes les espérances seront
pour moi ; l'assurance de votre argent et
d'un profit déterminé sera pour vous.*

Le point essentiel est que *l'égalité* introduite entre les deux actionnaires, par la première convention , soit conservée dans la se-

conde ; et il faut, pour cela, que, par cette seconde convention , le négociant et le capitaliste se *donnent* mutuellement autant qu'ils s'étaient donné par la première. Je n'ai point à examiner si , sous ce rapport, le négociant fait loyalement son devoir : aucune accusation n'est portée contre lui par les rigoristes ; ils ont l'air de le plaindre. Mais je dois rendre sensible que le capitaliste, en recevant du négociant, 1°. l'assurance de son argent, 2°. l'assurance d'un profit déterminé, lui *rend* autant , par la rupture de la première convention , qu'il en *reçoit* par la seconde.

J'appelle e, les espérances de la première société ; — ac, l'assurance du capital ; — ap, l'assurance du profit déterminé. L'*avoir* de chacun des deux contractans de la convention purement sociale , était $\frac{e}{2}$. De-là , cette équation $\frac{e}{2} = \frac{e}{2}$: l'égalité est parfaite. J'introduis dans le premier membre de l'équation ac, et dans le second $\frac{e}{4}$; j'ai $\frac{e}{2} + ac = \frac{e}{2} + \frac{e}{4}$. L'égalité de l'*avoir* des contractans de la société n'a point souffert, parce que, de l'aveu des experts , et sur-tout des intéressés, $a\,c$ et $\frac{e}{4}$ ont la même valeur. Encore un changement : j'introduis dans le premier membre $a\,p$, et dans le second $\frac{e}{4}$; et j'ai $\frac{e}{2} + a\,c, + a\,p = \frac{e}{2} + \frac{e}{4} + \frac{e}{4}$. Les contractans sont au même état d'égalité, $a\,p$ et $\frac{e}{4}$ ayant la même valeur. En réduisant, il reste $a\,c + a\,p = \frac{e}{2}$. Ni l'un ni l'autre des deux contractans, par la seconde convention, n'a plus donné et n'a plus reçu que par la première. L'égalité a été rigoureusement conservée. Et où donc serait l'usure ?

Elle n'était pas dans la convention de société : tout le monde en tombe d'accord.

Elle n'est pas dans la convention subséquente, 1°. parce qu'en *valeurs*, elle est rigoureusememt la même que la première ; 2°. parce que le capitaliste (le seul sur qui peut reposer le soupçon d'usure) ne reçoit pas plus qu'il n'a donné.... Je prie, au nom de la vérité que nous aimons tous, les théologiens rigides, de méditer attentivement ce qu'ils viennent de lire. En attendant, continuons d'apprécier leurs raisons.

« Dans l'idée d'une société quelconque, on

» aperçoit une participation des risques entre
» les associés. » — Peut-être ; mais, *dans
l'idée d'une société quelconque*, on aperçoit aussi que l'on peut se permettre des subs-
titutions raisonnables, et consenties par les
seuls intéressés. Je me suis obligé à contri-
buer de *dix louis en espèces :* ne puis-je pas
satisfaire à mon obligation, en donnant *dix
louis en marchandises*, si mon associé le
veut bien, et, à plus forte raison, s'il pro-
fesse hautement que ce changement lui est
avantageux. — Mais *les risques*, me direz-
vous, demeurent *in statu quo....* Il est aisé
de les faire disparaître. Je propose à mon associé une somme d'argent, pour qu'il se charge
de tous les risques ; les autres clauses de l'association tenant état, il accepte avec reconnaissance : je ne participe plus aux risques
de la société, et *la* société ou *une* société
subsiste encore. Donc, *dans l'idée d'une
société quelconque*, *la participation des
risques entre les associés ne s'aperçoit pas
toujours*. — « Mais, vous avez donné de
» l'argent, me dira quelque mauvais logi-
» cien.. » — Oui, j'en ai donné, et tout

exprès, pour que vous sentissiez qu'il est des moyens légitimes d'ôter la participation des risques entre les associés, sans détruire la société. Vous ne le sentez pas : est-ce ma faute ?

Je pourrais donner cent exemples de sociétés bien légitimes, où les associés ne partagent pas les risques. J'ai une portion considérable de terrain inculte. Un laboureur intelligent, homme de travail, vient m'offrir de le mettre en valeur. — Je n'en veux pas faire les frais, lui dis-je. Il me répond qu'il les fera, qu'il ne m'en coûtera pas une obole ; et voici à quelles conditions, ajoute-t-il. Pendant dix ans, la moisson venue, je prélèverai ma semence : le surplus de la récolte sera partagé entre nous ; un tiers pour vous, les deux autres tiers pour moi. A l'expiration des dix années, le champ sera exploité par vous ou par vos fermiers. — J'accepte en stipulant que *mon tiers* sera par lui porté dans mes greniers : il y consent. L'acte est dressé. N'est-ce pas là une société en bonne forme ? montrez-moi les risques que j'y cours, auxquels je *participe* ? La stérilité du terrain que le *labor improbus* ne rendra pas fertile ; la sécheresse qui empêchera l'épi de naître ou de se former ; la grêle, la tempête qui le briseront aux approches de la maturité ; le *singularis ferus* qui ravagera toute la campagne.... : voilà des *risques* dont quelques-uns, en se réalisant peut-être, occasioneront de grandes pertes... Elles ne tomberont que sur mon associé. Quant à moi, le pis-aller c'est que ma terre ne me produise rien, comme auparavant ; mais s'il reste trois gerbes de profit, j'en aurai une.

Le mauvais logicien de tout-à-l'heure me dira que la société que j'ai imaginée n'est point une *société d'argent*; et il dira vrai : mais lui, n'a t-il pas prononcé son axiôme d'une *société quelconque*? et la société que j'ai imaginée n'en est-elle pas une?

S'il lui faut absolument une société pécuniaire, il ne me semble pas difficile de lui en établir, de cette espèce, une dans laquelle tous les risques seront légitimement d'un seul côté. Un capitaliste et un négociant s'associent de la manière suivante pour une spéculation commerciale : « Le capitaliste fait les fonds

» de cent mille francs ; le négociant ne met
« que cinquante mille francs dans la caisse,
» et cependant il aura les deux tiers du pro-
» fit, à raison de ses soins, de sa vigilance, de
» son industrie, et de ce qu'il se charge de
» tous les risques du commerce. » Soutien-
dra-t-on que ce pacte n'est pas *une société
quelconque,* ou qu'il est illégitime ?

J'ai tant à cœur de détruire le premier
principe des rigoristes, que j'offrirai encore
l'exemple d'une société aussi réelle qu'innocente, dans laquelle pourtant les risques ne
sont pas partagés.

N**. célèbre négociant, *a eu des malheurs*
qui l'eussent enrichi, s'il avait moins de probité ; mais qui, d'un millionnaire, ont fait
un pauvre auquel il ne reste que l'honneur
et une habileté reconnue. Sa pénétration lui
découvre ce qu'on appelle une *affaire d'or*
pour qui aurait les fonds nécessaires à sa con-
fection. Il en faudrait beaucoup, et il n'en a
pas même un peu. M***, du nombre de ces
opulens qui le deviennent sans effort et sans
talent, propose à l'homme honnête et industrieux une *société* pour l'entreprise dont il

s'agit. Il fournira tout l'argent dont elle exigera les avances, se chargera de tous les risques, ne se mêlera que de compter en définitive : l'ancien négociant donnera, pour sa part, son temps et son habileté ; il ne possède pas autre chose. Le profit net sera partagé également. N'est-ce pas là une société régulière, bien entendue, vraiment utile aux deux contractans ? Il n'entre donc pas essentiellement dans l'idée d'une société quelconque, qu'il y ait, entre les associés, participation des risques à courir : je puis, ce me semble, terminer par la formule, C. Q. F. D.

XXIV.

« Il suffit de jeter les yeux sur l'opération
» commerciale, en faveur de laquelle la mo-
» rale relâchée prêche l'indulgence (*disent*
» *les rigoristes*), pour découvrir aussitôt
» qu'elle ne la mérite pas. En effet, qu'y
» voit-on ? Un homme qui *emprunte* de l'ar-
» gent, et un homme qui le *prête :* celui-ci
» exigeant l'assurance de ses capitaux, et
» d'un profit déterminé, au bout de l'an ;

» celui-là acquiesçant à cette double condi-
» tion, parce qu'il ne peut faire autrement.
» Si ce pacte n'est pas usuraire, où l'usure se
» rencontrera - t - elle jamais? Après bien des
» détours, on revient au même point que s'il
» eût été dit d'abord: *Je vous prête mon ar-*
» *gent, faites - en ce qu'il vous plaira ;*
» *mais, en me rendant le capital à telle*
» *époque, vous me donnerez un intérêt de*
« *tant.* »

1°. En général, pour connaître la moralité
d'une opération, il ne *suffit* pas *de jeter* sur
elle un simple coup - d'œil. Les apparences
trompent souvent. Souvent une action ver-
tueuse a l'extérieur du crime ; et plus souvent
encore, grâce à l'hypocrisie, une action criminelle est prise pour de la vertu. Voulez-
vous n'être pas trompé, levez ou déchirez le
voile.

2°. Vous voyez *un homme qui emprunte
de l'argent :* ce n'est pas cela ; il fallait voir
un homme à qui on en offre et qui en reçoit.
L'eût-il demandé, ce n'aurait pas été à titre
d'emprunt... Vous voyez *un autre homme
qui prête* de l'argent : ce n'est pas cela ; il

fallait voir un homme qui place son argent dans le commerce, avec l'intention bien prononcée d'en retirer un profit légitime... Vous voyez que ce capitaliste exige l'assurance de sa mise *et d'un profit déterminé :* ce n'est pas cela ; il fallait voir que ce capitaliste *accepte* l'assurance de sa mise et d'un profit déterminé, comme l'équivalent des espérances réelles et légitimes dont le placement de son argent dans le commerce lui avait assuré la la propriété.

3º. Plus d'usure, dites-vous, *si ce pacte n'est pas usuraire :* erreur. Il y aura de l'usure toutes les fois que le profit déterminé ne sera pas l'équivalent d'espérances réelles et légitimement acquises ; ou, plus généralement, quand, pour retirer un profit, on n'aura pas d'autre titre que le prêt simple.

4º. Vous affirmez que, *après bien des détours,* on en revient au même point que si l'on eût dit d'abord : « Je vous prête mon » argent, faites - en ce qu'il vous plaira ; » mais..... vous me donnerez un intérêt de » tant. » Il n'y a pas l'ombre d'une sinuosité. Le capitaliste ne dit pas au négociant : *Je vous prête mon argent ; mais je mets mon argent dans votre commerce, afin de le faire valoir à mon profit ;* et il ajoute : *l'assurance de mon capital et d'un profit déterminé étant l'équivalent des justes espérances, fruit naturel de mon placement, je me contenterai de la double assurance, si cela vous convient.* Le négociant déclare que l'arrangement lui convient ; et, *sans détours,* l'affaire est terminée.

5°. On formerait aisément nombre d'hypothèses, dans lesquelles les *apparences* seraient exactement les mêmes que celles de l'opération nommée vulgairement *prêt de commerce*, et où l'usure ne se trouverait pas, ne pourrait pas même être soupçonnée. Je n'en rappellerai qu'une ici. J'ai fait avec *Pierre* un contrat de société : début légitime ; j'ai abandonné à *Jacques* une portion de mes espérances pour l'assurance des fonds que j'ai mis dans la société : opération légitime ; j'ai traité avec *Jean* du reste de mes espérances pour un profit déterminé : vente légitime. Qu'est-il arrivé depuis ? *Pierre* a racheté de *Jacques* et de *Jean* ce qu'ils ont acquis de moi. Il le pouvait. C'est lui maintenant qui me doit l'assurance de mon argent, l'assurance du profit déterminé.. Quelle est notre situation respective? à quoi ressemble-t-elle? N'est-ce pas à un *prêt intéressé*? Et cette ressemblance est mensongère; car notre *situation*, résultant de diverses opérations toutes légitimes, n'a rien qu'on puisse raisonnablement critiquer.

XXV.

« Autre difficulté. La *société* ne saurait
» subsister sous quelque forme que ce soit,
» à moins que le capitaliste ne conserve la
» propriété de son argent. Or, dans les prêts
» de commerce, cette propriété est transfé-
» rée au négociant. Le vrai propriétaire est
» celui sur qui tombent les cas fortuits..... »
Voilà littéralement la preuve qu'on en donne:
Car il faudrait brûler tous les livres de droit, réprouver tous les jugemens de l'univers, refondre les têtes de tous les hommes, s'il n'était pas évident que la chose périt pour son maître, selon l'axiôme, RES PERIT DOMINO. — Les rigoristes prennent cette

déclamation pour de l'énergie : ne leur envions pas cette innocente satisfaction; mais disons-leur qu'il est facile de se débarrasser de ce petit sophisme (si même c'en est un), sans occasioner un seul des désordres dont ils font l'étalage.

« La société ne saurait subsister, dites-vous (*j'adresse la parole aux adversaires du prêt commercial*), « à moins que le » capitaliste ne conserve la propriété de son » argent. » Il me semblerait plus raisonnable de soutenir, au contraire, qu'au moment où la société est consommée, que l'acte en est signé, les formes légales dûment observées, le capitaliste PERD la propriété de son argent. Son *avoir* est devenu la propriété de la caisse sociale. Tout ce qui est là appartient solidairement à tous les associés.

« Or, dans les prêts de commerce, re-» prenez-vous, la propriété (de l'argent du » capitaliste) est transférée au négociant. » Quoi! lui en ai-je fait don ? le lui ai-je vendu ?— Vous le lui avez prêté, direz-vous.— Eh bien, soit; je le lui ai prêté, répondra le capitaliste. Mais, renonce-t-on à la propriété de la chose qu'on prête ? d'un cheval, par exemple, ... d'une maison, d'un vête-ment ? N'est-il pas évident que je conserve la propriété de *ma chose*, puisque *je ne fais que la prêter* ? Evident que je déclare cette re-tenue de propriété, par cela seul que je dis : *je vous prête* ? Et viendra-t-il jamais à l'esprit d'un emprunteur quelconque, qu'en sollici-tant le prêt d'une *chose*, il en demande la propriété ; que si l'on examine sa prière, la propriété de la *chose* lui est acquise ? « Le » vrai propriétaire est celui sur qui tombent » les cas fortuits. » Non, certainement ; quand *celui sur qui tombent les cas fortuits* a reçu en valeurs réelles la compensation des risques auxquels il s'est librement exposé. La nécessité de cette compensation n'est pas même rigou-reuse. On me prête un cheval pour un long voyage : ne suis-je pas susceptible de tous les accidens qui peuvent survenir pendant sa durée ? En général, l'emprunteur doit, non-seulement rendre au propriétaire la chose prêtée, mais encore la lui rendre en aussi bon état qu'il l'a reçue, ou en com-penser le dommage, s'il arrive qu'elle soit détériorée. C'est, du moins, une *clause tacite* de tout prêt.

« La chose périt pour son maître.... *res » perit domino.* » — Oui, si elle n'est pas assurée ; si elle est assurée, elle ne périt pas *domino*, mais *pour l'assureur* qui est obligé de la rendre, sinon en nature, du moins en valeur.

En terminant cet article, qu'il me soit permis d'adresser un mot aux rigoristes qui ont composé l'objection à laquelle je viens de répondre ; je suis sûr qu'il les embarrassera.

Je leur demande ce que devient, dans leur principe, la propriété de mon argent (c'est le capitaliste qui propose la question) , lorsqu'ayant fait un contrat de société avec *Pierre*, j'en fais un autre avec *Jacques*, pour l'assurance de mon argent ? Ils ne diront pas qu'elle est passée à *Pierre*, qui n'a rien fait pour l'acquérir, qui ne sait pas même que j'ai traité avec *Jacques*, pour que mon argent, soustrait à tous les risques de la société commerciale, me fût assuré. Diront-ils que cette propriété est devenue celle de *Jacques*, précisément à cause qu'il m'assure le retour de mes capitaux, et se charge de tous les risques que je courais ? Mais, alors, *Jacques* aurait dû succéder à tous mes droits, hériter de toutes mes espérances. Devenu le propriétaire de la seule chose que j'avais dans la société, il serait, sans qu'il y songeât, et sans que *Pierre* en fût averti, membre, et membre unique, de l'association ; et moi, je ne serais plus qu'un homme qui, effrayé des dangers du commerce, aurais songé à mettre en secret mes capitaux, renonçant à tout le reste. Eh bien ! je demeure l'associé de *Pierre* : il me devra compte des profits de notre opération. De ces profits, j'en aurai la moitié ; je la partagerai avec *Jacques*, dans la proportion convenue entre lui et moi, pour compenser l'assurance qu'il ma donnée : le reste me demeurera ; et tout me demeurerait, si, au lieu de lui faire l'abandon d'une *partie de mes espérances*, j'avais acheté son assurance à prix d'argent. Qu'on m'apprenne maintenant de quelle manière tout ceci se concilie avec mon expropriation ; comment, n'ayant plus un sou dans la société, je suis encore associé ; comment j'en ai encore tous les droits, et particulièrement les profits, s'il y en a ? En deux mots, après mon contrat d'*assurance*, le pacte d'association de *Pierre* et de moi n'a reçu aucune altération ; et il serait dissous, si l'*assurance* m'avait enlevé la propriété de mon argent : elle me demeure donc.

XXVI.

« Celui qui peut disposer, comme il lui » plaît, d'une somme d'argent (*c'est une* » *nouvelle objection*), sans qu'il soit obligé » d'en rendre compte à personne, celui-là, » dis-je, en a la propriété. Or, un commerçant » auquel vous *prêtez* une somme d'argent, » en peut disposer comme il lui plaît, sans » qu'il soit obligé de vous rendre compte ; il » en usera pour payer ses dettes, pour acheter » une maison de campagne ou une charge de » magistrature : il en a donc la propriété. » *Cette raison est* PALPABLE, ajoutent les rigoristes ; *et, si ce droit de disposition arbitraire ne caractérise pas le vrai maître d'une chose, il n'y a rien qui puisse le caractériser.* — Cette raison *palpable* ne me touche point. 1º Je ne *prête* point mon argent au négociant ; notre convention est qu'il le mettra dans son commerce , l'associera à ses propres fonds , que j'aurai une part des profits qu'il estime être loyalement représentée par un intérêt fixe *de tant* chaque année. S'il manque à la convention , ce n'est pas mon affaire..... 2º. Quand on dit que le négociant PEUT disposer de mon argent comme il lui plaît , cela n'est vrai que du *pouvoir physique*, qui n'emporte pas la propriété de l'argent : car on peut physiquement faire une disposition quelconque d'un argent qu'on n'aurait qu'en *dépôt.* Mais le *pouvoir moral* manque souvent où se trouve le pouvoir physique ; et, lorsqu'il a été convenu, entre le capitaliste et le négociant, que l'argent de l'un serait employé par l'autre à *tel usage,* celui-ci ne peut pas moralement l'employer à un usage différent. La distinction des deux pouvoirs suffirait pour faire disparaître la *raison palpable.....* 3º. Il ne faudrait cependant pas croire que mon argent n'a point été employé dans le commerce parce que le négociant s'en serait servi pour acquérir une propriété , ou pour solder une dette. Au moment où mes capitaux ont passé de mes mains dans les siennes, mon argent a été *déposé* dans la caisse commerciale, associé à tout l'*avoir* du négociant. Il est vrai qu'il a employé *numériquement* mes *espèces* à un usage non mercantile; mais les *valeurs* étaient dans la caisse. Je vais à Paris : un habitant de la province me prie de payer pour lui une dette qu'il a contractée, rue St.-Honoré ; et il m'en donne le montant en espèces d'or et d'argent. Sur la route, je fais des *dépenses*, et je m'acquitte avec les *espèces* de l'homme dont je suis le commissionnaire. A-t-il perdu la propriété de la somme qu'il m'a confiée ? Non, évidemment; j'en suis le gardien; mes espèces sont devenues les siennes : il ne sera exproprié qu'à l'instant précis où je payerai sa dette.....

4°. « Impossible, dit-on, de caractériser la propriété d'une chose, si la disposition arbitraire de cette chose ne la caractérise pas. » Je réponds que le signe distinctif de la propriété d'une chose n'est pas de pouvoir s'en servir arbitrairement, mais de n'être pas obligé de la rendre après s'en être servi. Un ami me *prête* un cheval pour trois mois. Durant cet espace de temps, j'en tirerai le service qu'il me plaira ; je le mettrai à la charrue et au chariot ; je le monterai la nuit, le jour ; je m'amuserai par la variété de ses allures, etc. Cet usage arbitraire en fera-t-il *mon* cheval ? caractérisera-t-il une *mienne propriété?* Rien moins que cela. Et pourquoi ? Parce que, les trois mois écoulés, je suis obligé de le rendre ; qu'on m'en a imposé l'obligation, que je l'ai contractée. Donc, celui qui prête ne perd pas la propriété de la chose prêtée : ce qu'il abandonne à la disposition de l'emprunteur (et pas toujours), ce n'est que l'*usage*.

XXVII.

« L'argent (*nouvelle objection*) est une » chose qui se consume par l'usage. Or, une » chose qui se consume par l'usage ne peut » être prêtée, sans aliénation de propriété. » — Je ne répéterai point que, dans notre opération commerciale, le capitaliste ne *prête* pas ; qu'il *dépose* son argent entre les mains du négociant pour le faire valoir à leur commun profit, ce qui est implicitement un contrat de société ; mais je dirai que l'argent, *qui se consume par l'usage*, est une vieille maxime dont on abuse ici, et qu'il faut interpréter. Je prête cent écus à un débiteur pour payer sa dette : cet argent se consume *directement* par l'usage. Je prête la même somme à un indigent pour nourrir sa pauvre famille : cet argent, quoique converti en choses utiles (des alimens) , se consume *indirectement* par l'usage : les choses utiles, en quoi il est converti, se consumant de cette manière. Mais je prête les cent écus à un négociant pour son commerce, à un acheteur pour son acquisition : cet argent ne se consume point par l'usage ; il *subsiste* dans les marchandises que le négociant a reçues en échange , et qui, au lieu de se consumer entre ses mains , y remettront une somme plus considérable que cent écus..... : de même, employé à une acquisition, il subsiste dans la *maison*, la *terre* acquise.

Je puis encore répondre par une distinction solide : L'argent se consume par l'usage, en ce sens que les *espèces numériques* sortent de la main du prêteur et de l'emprunteur ; je l'accorde : en ce sens que la *valeur* de ces espèces ne demeure pas dans la main du prêteur ; je le nie. Elle y reste si bien, cette valeur, qu'elle opérera, pour le prêteur, le retour de ces mêmes espèces, ou d'espèces semblables, particulièrement si ce retour est *assuré.*

XXVIII.

Autre objection. « Malgré toutes ces raisons
» (*auxquelles on ne répond pas*), le prêt
» de commerce est une société léonine, et
» plus que léonine. La loi ff. *Pro socio,* est
» formelle là-dessus. *La société est léonine*
» (ce sont ses paroles), *si l'on* STIPULE
» *que l'un des associés aura tout le profit,*
» *sans entrer en participation des dom-*
» *mages, et que l'autre supportera tous*
» *les dommages, sans partager les profits.* »
— Qu'on dise à un homme de bon sens que, dans la transaction, dite *prêt de commerce,* où tout s'arrange suivant le vœu du négociant, et même de la collection des négocians ; où le capitaliste ne fait que donner son argent, et

*

se conforme, pour le surplus, aux conditions que le commerce a lui-même, et lui seul, imaginées, consacrées.... ; qu'on lui dise que ce pacte est *une société léonine* : je mets en fait qu'il lui viendra nécessairement à l'esprit que le négociant est le *lion* de la société ; que tout le profit est pour lui, et que le capitaliste est la *dupe*. Je mets en fait que, si vous lui dites qu'au contraire c'est le capitaliste qui attrape le négociant, il ne lui en faudra pas davantage pour rejeter, sans examen, et votre assertion, et la théologie à laquelle elle sert de base. N'est-il pas su de tout l'Univers que le *corps des négocians* n'est pas moins éclairé pour ses intérêts, que probe et intègre dans ses opérations ?

Ou donc la Loi *Pro socio* ne dit pas ce que nos rigoristes lui font dire, ou elle serait aussi peu raisonnable que leur commentaire.

Quoi qu'il en soit, je ne me persuaderai jamais qu'on assimile sérieusement le prêt de commerce à la convention monstrueuse, mentionnée dans la loi ; qu'on y voie la *stipulation* de tous les avantages d'un côté, de tous les dommages et de tous les risques de

l'autre. A mon avis, le préjugé et son aveugle-
ment ne peuvent même aller jusqu'à ce point:
la nature s'y oppose. «Je prends votre argent,
» dit le négociant au capitaliste, pour le
» faire valoir dans mon commerce ; je vous le
» rendrai, je vous en *assure* le retour ; et, cha-
» que année, vous aurez *un profit de tant,*
» que je vous *assure,* comme le retour de
» votre argent : voilà votre part ; tout ce que
» votre argent produira d'utile dans mon
» commerce...; voilà la mienne. » Et, dans
ces stipulations, vous verriez, homme raisonnable, tout d'un côté et rien de l'autre ! Qu'un
théologien me dise : *Le prêt de commerce
est immoral ;* et un négociant : il *est légitime ;* j'écouterai de préférence celui-là. Mais,
que le théologien prononce que le prêt de
commerce est désavantageux au négociant,
et que le négociant soutienne qu'il est utile
et presque nécessaire à lui et à tous ses semblables ; c'est celui-ci que j'écouterai, 1°. parce
qu'en matière de spéculations lucratives, le
négociant a une supériorité de connaissances
que personne ne lui conteste ; 2°. parce qu'il
est plus aisé que le théologien se trompe sur

un sujet de morale, controversé même *parmi ses semblables*, qu'il n'est facile que le négociant s'abuse sur un sujet de *profit*, décidé par l'*unanimité de tous ses semblables*. Croyons donc, et bien fermement, que tous les gains pécuniaires, espérés d'un argent placé dans le commerce, non-seulement équivalent l'assurance d'un capital et d'un profit déterminé, mais la surpassent encore EN VALEUR. Que les rigoristes ne nous parlent plus de leurs *sociétés léonines* et *ultra-léonines* ; l'application qu'ils font de ces termes est une absurdité, ou peu s'en faut.

XXIX.

Les défenseurs du prêt de commerce n'ont plus, à ma connaissance, qu'un assaut à soutenir ; mais il sera rude, en projet s'entend. On ne parle pas de moins que de PULVÉRISER toutes nos réponses de l'article précédent, et de ramener triomphante la *société léonine et plus que léonine*. « Ne peut-il pas arriver, dit » un casuiste *plus que sévère*, que l'emprun-» teur (le négociant) perde le capital par

» quelques cas fortuits? La tempête submer-
» gera ses vaisseaux, ou les corsaires s'en
» empareront, ou encore ils feront eau, et
» les marchandises seront avariées. Il éprou-
» vera des banqueroutes ; le feu consumera
» ses magasins, etc. : dans tous ces cas,
» n'est-ce pas l'emprunteur qui portera toute
» la perte ? et le prêteur ne sera t-il pas seul
» à profiter, sans qu'il y ait même aucun
» profit ? Or, je vous le demande (*conclu-*
» *sion littérale du rigoriste*), fût-il jamais
» société plus léonienne ? » — Est-ce illusion chez moi, ou de l'évidence ? je n'oserais
prononcer sur ce point ; mais il me semble
que j'aperçois d'intuition, et avec la plus
grande netteté, que cette preuve qui *pulvé-*
rise tous les appuis de la légitimité du prêt
de commerce n'a pas même l'apparence,
pas l'ombre d'un bon raisonnement. Elle
porte tout entière sur le principe qu'il faut
juger la moralité d'une résolution, d'une
entreprise, d'une spéculation commerciale
ou politique, d'une action quelconque, par
le bon ou le mauvais succès qui en est la suite.
Vous avez acheté, pour peu d'argent, une

maison agréable, solide, bien située; huit jours après l'acquisition, le feu du ciel ou d'un incendiaire l'a réduite en cendres : vous avez donc fait un marché de dupe ? Cet autre avait épousé une jeune femme, pleine de talens et de vertus : le lait de sa première couche l'a rendue folle : il avait donc fait un sot mariage ? Un général avait dressé, pour une bataille, un plan digne des *Turenne* et des *Condé;* il la livre, et est vaincu, parce que l'envie l'a fait échouer : il ne méritait donc pas le poste éminent qu'il occupait? Ainsi raisonne notre rigoriste contre le prêt de commerce, dans la supposition des accidens qui ont causé les pertes du négociant. On répondrait aux censeurs de l'acheteur : « C'est au » moment de l'achat de la maison qu'il faut » se reporter pour savoir si le marché est bon »; aux censeurs de l'époux : « C'est au moment » de la recherche, du contrat et de la céré- » monie conjugale qu'il faut se reporter, pour » savoir si l'union était avantageuse »; aux censeurs du général : « C'est au moment qui » précéda l'attaque, qu'il faut se reporter, » pour savoir si le chef avait, ou non, rempli

» en homme supérieur ses fonctions....., »
Et, les choses examinées de cette manière,
l'acheteur, l'époux et le général sont irrépré-
hensibles : ce qu'ils ont fait fut bien et sage-
ment fait. Nous répondons de même aux casuistes, qui jugent des choses par l'événement : « C'est au moment de la passation du
» *contrat de société* entre le négociant et
» le capitaliste, qu'il faut se reporter, pour
» savoir s'il fut sage, équitable ; s'il donna
» aux parties contractantes des avantages,
» non pas semblables, mais égaux. Ce qui
» arrivera dans la suite ne le dénaturera pas.
» S'il fut légitime à l'instant qu'on le signa,
» il le sera toujours ; et cette légitimité s'of-
» frira, aux regards de la critique, d'autant
» plus brillante, que les clauses de l'acte obli-
» gatoire auront été calculées, eu égard aux
» chances fâcheuses prévues et appréciées. »
Or, poursuivons-nous, « Quand le capita-
» liste et le négociant dressaient leur con-
» trat de société ; lorsqu'on mit, d'un côté, la
» double assurance de l'argent et d'un intérêt
» déterminé ; qu'on mit, de l'autre, tous les
» risques, tous les frais ; et que, pour faire la

» balance, on accorda au négociant *toutes*
» *les espérances* de la société et ses produits,
» au dire d'experts, non pas des capitalistes
» qui n'y entendent rien, mais des négo-
» cians qui ont là-dessus les plus parfaites
» connaissances, du négociant lui-même, pre-
» mier intéressé; si la balance penche un
» peu plus d'un côté que de l'autre, ce léger
» mouvement favorise non pas le capita-
» liste, mais le négociant. Donc, le *prêt*
» *de commerce*, au moment qu'il s'effectue,
» offre, pour le moins, autant d'avantages,
» de valeurs, de réalités à celui qui *reçoit*
» l'argent, qu'à celui qui le *fournit*. Le reste
» est aléatoire. »

XXX.

Je crois n'avoir laissé sans réponse aucune
des difficultés que les adversaires de la moralité des *prêts de commerce* entassent contre
elle; et je serais bien trompé, si tous les esprits droits ne sentaient pas que je les ai résolues. Que tous l'avouassent, c'est autre chose :
la crainte de se compromettre, qui n'empêche pas de reconnaître intérieurement la

vérité, n'arrête que trop souvent le témoignage public qu'on serait disposé à lui rendre.

Les partisans de l'opération commerciale ajoutent aux raisons que j'ai exposées, quelques - autres qui m'ont paru ne devoir pas trouver place dans cet écrit, soit parce qu'elles manquent de solidité, soit parce qu'elles sont prises de trop loin. Je ne ferai d'exception que pour une, dont il est aisé de saisir toute la force, et qui me semble s'adapter admirablement bien au sujet que nous traitons : elle se tire des *Monts - de - Piété.* Peu de personnes ignorent ce que ces trois mots signifient. Le Mont-de-piété est un établissement où l'homme qui a besoin d'argent, et qui, pour en avoir, serait contraint de recourir aux *usuriers*, trouve les sommes qui lui sont nécessaires. En les recevant, il donne des gages qui en *assurent* le retour, ou en procurent l'indemnité. L'époque de la restitution est fixée. Au capital, l'emprunteur qui rend doit ajouter un intérêt modéré et convenu, proportionné à la durée de l'emprunt. Cet intérêt n'est pas pour augmenter les fonds du Mont-de piété, dit un concile, *absque lucro eorumdem montium ;* mais pour ses dépenses, telles que le loyer de la maison, la nourriture et l'entretien de ceux qui consacrent leurs soins et leurs peines à cette bonne œuvre, *ob solas ministrorum impensas.* Si les sommes ne sont pas rendues au temps déterminé, les *gages* sont vendus à l'enchère; l'administration du Mont-de-piété prélève ce que l'emprunteur lui doit, et lui rend le surplus. Il y a toujours du reste.

On peut dire que les Papes ont posé les premiers fondemens de cette institution ; qu'elle s'est accrue à l'ombre de leur autorité, malgré la résistance de *Soto* et de *Cajétan,* qui parurent oublier, en cette occasion, qu'ils étaient Ultramontains. Les Papes qui ont favorisé l'établissement des *Monts-de-piété,* en Italie, sont *Paul II, Sixte IV, Innocent VIII, Alexandre VI, Jules II* et *Léon X.* Leur conduite, à cet égard, n'est pas une définition ; mais s'en faut-il de beaucoup ?

Il ne faut, ce semble, réfléchir ni profondément ni long-temps pour découvrir combien la pratique des *Monts-de-piété,*

supposé qu'elle soit légitime , est favorable à
la légitimité des prêts de commerce : car il en
résulte 1°. que , retirer du prêt simple un intérêt modéré n'est pas une chose défendue
par la loi naturelle , qui ne souffre point de
dispense ; 2°. que cette même chose ou n'est
pas prohibée par la loi divine , ou que Dieu ,
dans son infinie bonté , permet qu'on s'en
écarte quelquefois , non pas arbitrairement ,
mais pour de grandes raisons , et avec l'au-
torisation des *pouvoirs* qu'il a placés sur la
terre pour régir les hommes ; 3°. que l'intérêt perçu peut quelquefois être rigoureusement exigé du pauvre et de l'indigent , qui
emprunte pour ses besoins : en effet , souvent ,
pour ne pas dire toujours , c'est *la misère*
qui a recours aux Monts-de-piété ; c'est spé-
cialement pour elle qu'ils ont été formés ;
4°. qu'en prêtant , on peut (sous - entendez
toujours *quelquefois*) faire *assurer* le capital
et l'intérêt , et même prendre des précautions,
pour que l'emprunteur soit dans l'impuissance
de manquer à sa parole.....

Dans l'administration des Monts-de-piété ,
tout cela s'observe à l'égard du pauvre ; et rien

de cela ne pouvait, en aucune circonstance, s'observer à l'égard d'un homme opulent. On exigera légitimement de celui qui emprunte pour la plus pressante des nécessités, non seulement le remboursement de la somme prêtée, mais encore un *intérêt* qui, bien que modique en lui-même, est excessif à raison de la pénurie du débiteur ; l'on emploiera le moyen efficace du nantissement, pour qu'il ne puisse pas se soustraire à l'obligation par lui contractée. D'un autre qui demande ou reçoit de l'argent pour augmenter son *avoir*, avec la certitude morale de réussir dans cette entreprise lucrative, il ne sera légitime, il ne sera permis ni même toléré, en aucune circonstance, d'exiger ce modique intérêt : la double *assurance*, n'ayant d'autre garant que la parole de l'emprunteur que la mauvaise foi ou la mauvaise fortune feront peut-être manquer à ses engagemens ! Si cela était vrai, il y aurait donc des vérités bien peu croyables.

Les Monts-de-piété et leur innocence nous mettent sur la voie d'une autre considéra-tion, autant que j'en puis juger, très-importante. De l'aveu de toutes les personnes qui savent ce que c'est qu'un commerce national, le nôtre (et je pense qu'il en est de même de celui des autres peuples), cette circulation d'espèces, qu'on nomme *le prêt*, est absolument nécessaire non seulement à sa splendeur, mais encore à son existence: ôtez la-lui, vous supprimez tous les canaux qui distribuent dans son corps immense la sève alimentaire. Il languira et finira. Pour vivre, véritable indigent, il a besoin des secours d'un *Mont-de-piété* qui lui fournissent, à un intérêt modéré, les sommes que réclament la grandeur de ses opérations multipliées et son insuffisance personnelle. Et vous remarquerez que ses *opérations* sont la richesse de l'Etat, et qu'elles procurent seules la subsistance de plusieurs millions de familles. Mais ce *Mont-de-piété*, où le prendre ? comment l'établir, l'administrer? Il est connu depuis long-temps. Dans tous les lieux où il y a commerce, se trouvent aussi une ou plusieurs caisses de secours pour ses besoins. On me comprend, je n'en doute pas. C'est la collection, la masse entière de cette immensité de capitaux que les propriétaires *prêtent au com-merce*, sous la condition d'un intérêt mo-dique, légalement fixé par le souverain. Chaque capitaliste prêteur est, en quelque sorte, une fraction de l'établissement qui couvre toute la France. L'intérêt perçu sert à l'entretien de chaque bureau partiel, au paiement de la maison, à la vie des gérens et de leurs aides. Cette administration a souvent cela de particulier, que les services sont réciproques; que le capitaliste a autant besoin de l'*inté-rêt*, que le négociant des *sommes*. Combien de fois, en effet, n'arrive-t-il pas qu'un pos-sesseur de fonds pécuniaires est dans la plus stricte nécessité d'en tirer un profit pour vivre *sans les consumer;* et qu'il ne peut y parvenir autrement qu'en les confiant à un négociant qui les lui fera valoir dans son commerce !

Je n'insisterai pas davantage sur cette com-paraison; mais j'ai confiance que le *Mont-de-piété*, que j'ai indiqué aux besoins du com-merce, sans avoir une exacte ressemblance avec ceux que les Papes ont protégés en Italie, paraîtra aussi légitime et plus nécessaire qu'eux. Si, dans ce dernier article, je me suis trompé, cette erreur ne peut nuire aux vérités démonstrativement établies dans les autres.

XXXI.

Résumons, aussi brièvement qu'il sera possible, les différentes parties de cet écrit.

J'ai reconnu qu'à consulter la nature des choses et des personnes, l'usure était défendue à l'égard des riches comme à l'égard des pauvres, moins étroitement peut-être, mais assez pour imposer le devoir de s'en abstenir. Je n'ai pas dissimulé que d'habiles et respectables écrivains soutenaient le contraire; qu'un Pape doutait si la loi naturelle avait, comme la loi de l'évangile, des *conseils*, et des *préceptes:* il me serait difficile de blâmer les théologiens qui ne verraient qu'un *conseil de la nature* dans la défense du prêt intéressé, à l'égard du riche.

Passant à la question du *droit divin*, j'ai d'abord observé que, dans l'ancien testament, il ne fallait pas modifier, par les prophètes, la loi consignée dans le *Pentateuque ;* mais plutôt les paroles des prophètes, par le texte de la loi. Et, considérant la loi de Moïse en elle-même, je n'aurais vu, dans l'*Exode* et le *Lévitique*, que la défense d'accabler *le pauvre frère* par des usures, si le *Deutéronome*, livre légal comme les autres, n'eût pas généralisé ce que les précédens semblent n'avoir établi que d'une manière restreinte. La loi *qui suit* est l'interprète ou le complément de la loi antérieure. Ainsi, chez les Juifs, l'usure fut prohibée de *droit divin* à l'égard de quiconque était de la famille de Jacob.

Ayant ensuite recherché si le Nouveau Testament nous apprenait avec certitude que cette loi de l'usure, particulière aux Juifs, était devenue commune aux Chrétiens, par l'adoption que Jésus-Christ, notre législateur, en aurait faite ; je ne l'ai point aperçu, en me bornant au texte seul de l'évangile : et il m'a paru indispensable de recourir à la tradition de l'église.

Consultée, elle m'a enseigné qu'il est défendu aux Chrétiens de pratiquer l'usure à l'égard de qui que ce soit ; c'est-à-dire, de stipuler et de recevoir un *intérêt* sur-ajouté aux sommes prêtées, sans autre titre que le *prêt*.

Ces préliminaires réglés, j'ai avancé, d'après l'aveu de presque tous les moralistes, même sévères ; qu'il pouvait y avoir et qu'il y avait effectivement des *titres*, je ne dirai pas qui justifiaient l'usure du prêt intéressé, mais qui empêchaient que le prêt intéressé ne fût usuraire. Ces titres ne pouvaient opérer l'effet dont il s'agit, qu'en ayant deux qualités essentielles : la réalité et la légitimité. Sans l'une, rien ne se fait ; sans l'autre, rien d'utile.

Le premier de ces titres est *le profit cessant et le dommage occasioné*. On n'est pas tout-à-fait d'accord sur les conditions dont il doit être revêtu : je les ai discutées séparément.

Le second est *le profit que fait ou que fera l'emprunteur* (*lucrum adveniens.*) En soi, il ne paraît pas très-admissible. Je propose deux moyens de l'utiliser, sans que la morale en souffre : je les propose, dis-je, moins à l'approbation qu'à l'examen.

Le troisième est *le besoin du commerce.* Peut-être autorise-t-il celui qui emprunte à stipuler des intérêts, mais non celui qui prête à en exiger et à en recevoir.

Le quatrième est *la convention des négocians.* C'est, à mes yeux ; le moins solide de

*

tous ces titres. Cette convention, si elle existe, ne fut pas libre : la nécessité ou le besoin d'avoir des fonds l'a commandée à ceux qui l'ont faite. Ils ne *donnent* que parce qu'ils savent qu'on ne prêterait point, s'ils ne donnaient pas.

Le cinquième et dernier est *les risques du commerce*. Il a de l'apparence ; et il semble qu'une bien respectable autorité le favorise.

Si les prêts de commerce étaient un prêt proprement dit (ce que je suis loin d'accorder), je ne verrais, pour l'absoudre, d'autre titre assuré que le *profit cessant* et le *dommage occasioné*. Avec quelques précautions on pourrait y joindre le *profit arrivant*, peut-être même les *risques* du commerce.

Faut - il absolument y avoir recours, ou abandonner comme réprouvée l'opération commerciale, matière de tant d'écrits et de disputes ? Non : considérée en elle-même, dans sa nature propre et solitaire, elle mérite qu'on en prenne la défense. Je crois l'avoir prouvé.

Car ce n'est ni un emprunt, ni un prêt. Le négociant ne dit point au capitaliste : *Prêtez-*

moi *votre argent*; il dit : *Placez votre ar-*
gent dans mon commerce pour le faire valoir.
Le capitaliste ne dit point au négociant : *Je*
vous prête mon argent; mais, *je place chez*
vous mon argent, afin que vous le fassiez
valoir dans votre commerce, et que j'en
tire du profit. Si l'usure se glissait dans ce
traité, ce ne serait pourtant pas un prêt usuraire, parce que ce n'est pas un prêt. On ne
prête que quand on a intention de prêter ; et
il n'a pas cette intention celui qui veut faire
valoir son argent dans le commerce, et qui
manifeste cette volonté.

Qu'est-ce donc, en lui-même, que ce *pacte*
nommé si improprement *prêt de commerce ?*
Le résultat ou l'équivalent, et mieux encore
l'abrégé de diverses opérations commerciales,
qui, prises séparément, ne peuvent pas être
accusées d'immoralité.

J'ai fait voir que, réunies, elles ne sont
condamnées par aucune autorité ayant force
de loi.

Notre législation civile s'est déclarée en
leur faveur.

En portant la cause des prêts de commerce

au tribunal de la raison (et nous y avons suivi plutôt que conduit les casuistes sévères), j'ai eu à combattre des adversaires de quatre espèces.

Des *timides :* Leurs craintes sont déplacées ;

Des *inconséquens :* Ils ont deux poids où il ne faut en avoir qu'un.

Des *disjonctifs :* Ils séparent, sans motif, ce que la justice permet d'unir ;

Enfin, des *réservés*, qui ne proposent que des objections. Je les ai toutes résolues, en démontrant :

Que le capitaliste ne reçoit pas plus du négociant, que le négociant n'a reçu du capitaliste ;

Que la participation des risques entre les associés n'entre pas nécessairement dans l'idée d'une société quelconque ;

Qu'analysé, le prêt de commerce n'est ni un emprunt simple de la part du négociant, ni un prêt simple de la part du capitaliste, mais un pacte pour profiter ensemble ;

Que l'assurance du capital on laisse subsister la société, ou que la société se substitue une autre convention aussi légitime qu'elle ;

Que, dans le prêt de commerce, le capitaliste conserve la propriété de son argent, et que le vrai propriétaire n'est pas toujours celui sur lequel tombent tous les cas fortuits;

Que le négociant ne peut pas faire de l'argent du capitaliste un emploi arbitraire; qu'il ne le fait pas, lors même qu'il semblerait le faire;

Que l'emploi arbitraire ne serait pas lui-même une preuve de propriété, et n'en est pas le caractère distinctif;

Que cet adage : *L'argent se consume par l'usage*, est faux dans l'application qu'en font les casuistes sévères;

Que la *société léonine et plus que léonine* est une expression boursoufflée, vide de sens, dans la question des prêts de commerce.

Or, tous ces principes, dont j'ai mis la fausseté dans le plus grand jour, sont les seuls que les rigoristes *réservés* et autres fassent valoir contre la légitimité des prêts de commerce. Elle demeure donc incontestable.

En terminant, j'ai proposé, à l'appui de mes soutiens, une considération sur les *Monts-de-Piété*, qui m'a paru plausible, mais dont je verrai sans peine qu'on porte un autre jugement. N'en ayant pas besoin , je n'y tiens pas....

Supposons maintenant que les preuves du sentiment que j'ai embrassé ne s'élèvent pas jusqu'à la certitude , qu'il reste encore quelques nuages qu'une autorité infaillible pourrait seule dissiper ; on avouera , du moins , qu'elles produisent , en faveur des prêts de commerce , *une très - grande probabilité.* Joignez-y le défaut d'harmonie qui règne dans les attaques des adversaires ; joignez-y la haute importance, pour ne pas dire la nécessité, dont les connaisseurs assurent que ces prêts sont à la prospérité , ou même à l'existence du commerce national , et , par conséquent , au bien de l'État ; joignez-y la protection déclarée d'une loi régulatrice dans l'ordre civil ; joignez-y que ce ne sont plus seulement des *particuliers obscurs* , *des docteurs clandestins* (*) , mais quelques hommes éminens en

----

(*) C'est ainsi que désignait ses adversaires un rigoriste dont l'état n'était rien moins que *brillant,* selon les idées du monde.

science et en dignité qui prennent leur défense ; joignez-y , enfin, la bonne foi et l'obs-
tination de ce nombre infini de négocians et
de capitalistes, qui ne céderaient qu'à une définition de l'Église. . . . ; et vous avouerez que
l'usage des prêts de commerce est *sûr dans la
pratique* ; assez sûr pour que, sur ce point
controversé la loi ne parlant pas, les hommes
et les raisonnemens étant en pleine contradiction, on laisse , directeurs et dirigés, chacun
à sa conscience.

J'allais quitter la plume ; et il me vient à
l'esprit une *supposition* que je ne puis, en
quelque sorte, m'empêcher d'écrire , comme
mon dernier mot.

Il y a un an , j'avais fait avec *Pierre* une
société de commerce proprement dite. Entre
nous deux existait, à cet égard, la plus parfaite égalité. Les risques , les pertes , les avantages étaient communs : nous pouvions gagner
beaucoup ; nous pouvions perdre de même.
L'affaire est à terme. *Pierre* m'a invité à me
rendre chez lui pour y examiner et recevoir
son compte : j'y suis accompagné d'un Conseil
parfaitement instruit de ces sortes d'opéra-

tions. En vain, cherché-je sur la physionomie et dans le maintien de mon partenaire, à deviner si notre spéculation a été heureuse ou malheureuse ; je n'y trouve ni craintes, ni espérances. Il commence ; et, tour-à-tour, je m'inquiète et me rassure. Vient l'énumération de *pertes considérables.* Je ne suis plus le maître de bien déguiser le trouble qui s'est emparé de moi ; mon conseil s'en aperçoit, et me dit : « Je vous propose un » *billet à la loterie ;* abandonnez-moi le ré- » sultat de votre association, et je vous *fais* » *bon*, non-seulement de TOUT votre capital, » mais encore d'un intérêt de *six pour cent.* » Point d'homme raisonnable, je pense, qui ne juge la proposition de nature à être acceptée, sans que la conscience la plus délicate en murmure. Mon associé interrompt son rapport, « *pour vous donner*, me dit-il, *le temps de* » *la réflexion.* » En effet, je réfléchis. Une voix secrète semble me dire qu'accepter est *le parti le plus sûr.* Mon associé le soupçonne. « Vous êtes tenté, me dit-il, de » conclure le marché ? » — « Je l'avoue. » — — « Succombez-vous à la tentation ? » —

« Oui ? » — « En ce cas, je demande la pré-
» férence. On va vous compter les sommes
» que vous avez mises dans notre société, et
» l'intérêt de six pour cent. » Mon *conseil*
trouve la réclamation de toute justice. On
sonne le caissier. Après quelques lignes de
transaction, j'emporte, sans en savoir davantage sur les résultats de notre société, mes
capitaux et leur intérêt.... Et voilà qu'un
casuiste, qui avait applaudi à la proposition
de mon *conseil*, prétend que la préférence
accordée à mon *associé* a réagi, en sens contraire, sur l'opération, et m'a fait coupable
de l'usure du prêt simple intéressé.

Je renvoie la *croyance* de cette métamor-
phose au *juif Appella*.

J'ai satisfait à votre demande, Monseigneur ; vous connaissez mon *opinion* sur les
prêts de commerce et ses motifs. Je les sou-
mets à votre jugement. Discuter appartient
aux théologiens ; décider, aux évêques.

FIN.

TABLE
DES MATIÈRES.

FIN DE LA TABLE.

APPENDIX.

AVIS DES ÉDITEURS.

Le profond théologien dont on vient de lire la savante et lumineuse dissertation, ayant fait entrevoir, par son préambule, que le docte abbé Bergier était absolument de son avis, même dès 1771, nous croyons devoir faire connaître le jugement de celui-ci sur la même matière qu'aujourd'hui plus que jamais on s'efforce d'embrouiller. Nous le devons, non pour montrer que M. le docteur B...... n'est pas suspect en le disant, puisque sa noble et magnanime véracité est connue ; mais pour confondre la perfidie de ceux qui, de nos jours , ont fait parler l'abbé Bergier dans un sens tout contraire. Il n'est pas de licence que ne prenne un parti auquel on reproche , peut-être à tort , de vouloir ruiner le commerce , au profit de deux classes, avides de faire tourner la chose publique à leur avantage.

Parmi ces licences , est celle de dénaturer les anciens bons livres , sous prétexte de les corriger , dans de nouvelles éditions que l'on répand , avec une profusion affectée , sous les auspices de la religion. Ce qu'il y a de bien remarquable, c'est que cette manœuvre est pratiquée par des ecclésiastiques qui affectent , dans tout le reste , de montrer le plus entier dévouement au Pape , quoiqu'elle ait été défendue très-expressément par le Saint-Siége. Ils se conduisent comme s'ils avaient des priviléges particuliers et secrets, pour se dispenser d'obéir en de pareilles conjonctures, ou des autorisations que n'ont pas même indistinctement les consulteurs de la congrégation de l'*Index*.

Dans une instruction que leur imposa le Pape Clément VIII, et qui se trouve ajoutée aux précédens réglemens de cette congrégation, on lit « qu'il n'est pas permis de rien changer dans les livres des écrivains catholiques décédés, à moins que, par la fraude des hérétiques ou l'incurie des imprimeurs, il ne s'y soit glissé quelque erreur manifeste; que, s'il s'y trouvait quelque chose de ce genre, et que cela fût d'une grande importance, et digne d'être repris, il serait permis, non de le changer dans le texte, mais seulement, et en le laissant dans son intégrité, lorsqu'on voudrait en donner de nouvelles éditions, de noter ces erreurs, ces inexactitudes, soit à la marge, soit dans des notes après le chapitre ; et cela toutefois avec la précaution, par respect pour l'auteur, de faire observer, avant tout, qu'on ne veut que mieux fixer, par la comparaison de ses autres textes orthodoxes, ce qu'il a voulu dire, et faire connaître plus parfaitement son intention. (*Tit.* II. §. IV.) »

Dans le cas même où il y aurait une erreur évidente qu'il serait nécessaire de réformer, Clément VIII ne voulait pas que personne s'avisât de faire cette correction, avant d'en avoir reçu l'ordre ou la permission de son évêque. (*Ibid.* §. V.)

Nous ne croyons pas qu'un pareil

ordre , ou une semblable permission, eût été donné aux éditeurs qui firent à Toulouse, en 1817 et 1823 , chez le libraire Jean - Mathieu Douladoure , deux nouvelles éditions du *Dictionnaire de théologie* , en huit volumes in-8°., qu'en 1789, l'abbé Bergier avait publié à Paris en trois volumes in-4°. Ces éditeurs Toulousains, sans en prévenir aucunement les lecteurs , se mirent eux-mêmes à la place de l'abbé Bergier dans son article *sur l'Usure;* et, se présentant comme étant lui-même, ils dirent absolument le contraire de ce qu'il avait dit. Nous croyons important de le rétablir dans sa réalité, non précisément afin de faire rougir les éditeurs de leur audace , ou de contenir tant d'autres qui prennent de semblables licences dont s'indignent avec raison de graves observateurs qu'ils ne soupçonnent point ; mais pour faire comprendre aux gens de bonne foi qu'ils doivent se défier de la sincérité de tant de nouvelles éditions d'anciens livres, d'un mérite avéré, qu'on interpole ou dont on change clandestinement l'esprit, en abusant de l'impossibilité où la mort a réduit leurs auteurs, de récriminer contre ces impudentes falsifications.

OPINION VÉRITABLE

DE

L'ABBÉ BERGIER, DOCTEUR DE SORBONNE,

SUR L'USURE,

ET

CELLE QUE LUI PRÊTE SON ÉDITEUR DE TOULOUSE,

MISES EN REGARD.

(Édition originale et authentique.)

USURE. — INTÉRÊT DE L'ARGENT PRÊTÉ.

IL faut consulter le *Dictionnaire de Jurisprudence* pour avoir une notion des différentes espèces d'*usure* pratiquées chez les anciens peuples, afin de prendre le vrai sens des canons de l'Eglise qui les ont proscrites, de concert avec les lois impériales. Nous ne prendrons pas sur nous de décider la question célèbre qui est encore agitée entre les théologiens, pour savoir si l'*usure* légale ou l'intérêt tiré du prêt de commerce est légitime, ou si c'est une injustice qui emporte toujours l'obligation de restituer. Cette question a été traitée fort au long par un jurisconsulte, dans l'ancienne Encyclopédie. Comme elle tient au droit naturel et à la politique, aussi bien qu'à la théologie morale, et qu'il n'est pas possible de séparer les argumens théologiques, pour ou contre, d'avec les autres, nous devons laisser à ceux qui sont chargés de cette

Le *faux* BERGIER *de Toulouse.*

L'USURE est le profit qu'on tire d'un pur prêt,
en sorte qu'après le terme échu, on exige plus
que ce qu'on a prêté, soit par obligation, soit
avec des gages ou autrement. (*Fleury*, Institution au droit ecclésiastique, chap. 13.)

L'église ne condamne pas seulement le
vol et le larcin, mais l'usure qui était permise par les lois civiles aux payens et même
aux juifs par la loi de Dieu, à l'égard des
étrangers. Mais cette loi la leur défendait
à l'égard de leur *prochain*; et Jésus-Christ,
qui est venu expliquer et accomplir la loi,
nous enseigne que tout homme est notre
prochain (*Luc.* 6, 29) : aussi nous a t-il
ordonné de prêter, sans espérer de profit du
prêt de l'argent ou des autres choses qui se
consument par l'usage, et ne sont estimées
que par leur quantité, c'est-à-dire le nombre,
le poids ou la mesure, comme le blé et le vin.

La raison est que, dans les contrats qui se
font entre les hommes, on cherche, autant

partie le soin d'éclaircir cette importante question. Tout ce que nous pouvons dire, c'est
qu'après avoir lu plusieurs Traités, composés
sur ce sujet par des hommes très-instruits,
nous n'avons pas été satisfaits, et qu'aucun des
argumens allégués par ceux qui condamnent
le prêt de commerce ne nous a paru démons-
tratif et sans réplique.

1°. La plupart des raisons sur lesquelles
ils se fondent nous semblent prouver autant
contre les intérêts d'une rente perpétuelle,
que contre ceux que l'on tire d'un prêt passager
dont le terme est fixé. On sait avec quelle
force les casuistes s'élevèrent d'abord contre
les contrats de constitution de rente. Lorsque
le débiteur s'acquittait, de son plein gré, au
bout de vingt ans, il lui paraissait fort injuste
que le créancier reçût son capital entier, et
gardât encore une pareille somme qu'il avait
reçue par les intérêts. Cependant, personne
n'est plus tenté de regarder cet accroissement
comme usuraire et illégitime.

2°. Nous ne voyons pas que l'on puisse tirer
beaucoup d'avantage du passage de l'Évangile (*Luc*, c. 6, *v*. 35) : « Faites du bien, et

qu'il est possible, l'égalité ; en sorte que l'un reçoive ce qui l'accommode, pour autant d'une autre chose qui accommode l'autre : ainsi, dans les échanges et les partages, on tend à la plus grande égalité, jusqu'à suppléer par des sortes de deniers à l'inégalité des choses ; que si nous pouvons donner à un autre ce dont il a besoin, sans nous incommoder, la loi de l'humanité nous y oblige, comme de montrer le chemin, ou d'allumer un flambeau : c'est un fondement des contrats gratuits, comme le prêt et le dépôt. Je ne dois pas refuser à mon ami de garder son argent dans mon coffre, comme le mien ; et je serais injuste d'en vouloir être payé. Tout de même, je ne dois point lui refuser une somme d'argent qui m'est inutile et dont il a besoin, étant assuré de sa bonne foi ; et, s'il me la rend dans le temps convenu, je n'ai aucun droit à lui rien demander de plus.

Il est vrai qu'il faut supposer deux conditions : que votre argent vous fût inutile quand vous l'avez prêté, et qu'il vous soit rendu au terme convenu ; car, si on vous le rend plus tard, et que ce retardement vous cause

prêtez sans en rien espérer. » C'est un précepte de charité, sans doute, en faveur de ceux
qui sont dans le besoin, et qui empruntent
pour se soulager ; mais ce n'est plus le cas du
négociant qui emprunte une somme pour en
tirer du profit. Si on veut l'entendre autrement, l'on aura de la peine à concilier ces
paroles avec les suivantes (*v.* 38) : « Donnez,
et l'on vous donnera » ; avec la parabole des
talens (*Matth.*, *c.* 25, *v.* 27, et *Luc*, *c.* 19,
v. 23) ; enfin, avec la loi du Deutéronome.
(*c.* 23, *v.* 19) : « Vous ne prêterez point à
usure à vos frères, mais aux étrangers. » Si
toute *usure* était un crime, Dieu ne l'aurait
pas plus permise aux Juifs à l'égard des étrangers qu'à l'égard de leurs frères. Lorsque
David (*Ps.* 14. *v.* 5), met au rang des justes
celui qui ne trompe point son prochain par
de faux sermens, qui ne prête point son argent à *usure*, qui ne reçoit point de présens
pour opprimer un innocent ; par *prochain*,
il entend évidemment un juif. D'autre part,
l'auteur de *l'Ecclésiaste* condamne ceux qui
refusent de payer des intérêts à leurs créan-
ciers : « Plusieurs, dit-il, (*c.* 29, *v.* 4), ont

quelque dommage, il est juste qu'il soit réparé, et que le plaisir que vous avez fait à votre ami ne vous soit pas onéreux.

Par conséquent, si, lorsque j'ai prêté mon argent, il m'était nécessaire ou utile à autre chose; si j'étais prêt à racheter ma rente dont les arrérages ont continué de courir, ou à faire les provisions nécessaires à ma subsistance, et qu'il m'a fallu depuis acheter plus cher; ou, si j'ai perdu une occasion si présente que je la manque actuellement par le prêt, d'acheter à bon marché un héritage de grand revenu; en tous ces cas, je puis me faire récompenser du tort que j'ai souffert ou d'un profit que j'ai manqué : et c'est ce qu'on appelle *lucrum cessans, et damnum emergens.* Et, comme les marchands ont des occasions continuelles de faire profiter leur argent, en l'employant en marchandises sur lesquelles ils gagnent, on leur permet de prendre un certain intérêt plus ou moins grand selon la longueur du temps; mais il faut, pour autoriser ces sortes d'intérêts, que le profit futur soit certain, comme si un laboureur prêtait le blé qu'il va semer.

regardé l'*usure* comme une mauvaise intention, et ont chagriné ceux qui les avaient aidés
dans leur besoin. »

3°. Les passages des Pères, que l'on peut
citer en grand nombre, ne paraissent plus
applicables au temps présent, ni à l'état actuel
des nations. Plusieurs de ces saints docteurs
ont condamné le commerce en général aussi
rigoureusement que l'*usure* ; parce que, de
leur temps, le commerce ne se faisait pas avec
autant de fidélité, de police et d'ordre qu'aujourd'hui. Barbeyrac s'est emporté contre eux,
à ce sujet, très-mal à propos. Mais depuis
que le commerce maritime et la banque sont
établis dans toute l'Europe, et assujettis à des
réglemens très-multipliés, l'argent a une valeur qu'il n'avait pas autrefois ; il est devenu
une marchandise et non un simple signe des
valeurs. Si l'on proposait à un riche négociant de lui faire présent d'une somme de cent
écus, ou de lui prêter vingt mille livres à intérêt, il préférerait certainement ce dernier
parti. Il est difficile de comprendre en quoi
le prêteur serait injuste, lorsqu'il recevrait

Le gain que des marchands peuvent faire
dans le négoce, avec l'argent qu'ils empruntent, n'est pas un motif, pour ceux qui prêtent, d'exiger ou de stipuler un intérêt. Ce
gain vient uniquement de l'industrie des marchands : qu'ils perdent ou qu'ils gagnent dans
leurs entreprises, ils sont obligés de rendre
une somme équivalente à celle qu'ils ont
empruntée. Leur obligation ne cesserait même
pas, quand ils auraient le malheur de perdre
cette somme ; ils l'empruntent à leurs risques
et périls. Le prêteur, n'ayant point de part
dans la perte, n'est point autorisé à partager
le profit. Il est vrai que certains auteurs modernes ont avoué qu'en prêtant à des commerçans, on formait avec eux une espèce de société, en vertu de laquelle on était en droit de
stipuler un gain déterminé. Mais ce sentiment
est une nouveauté dangereuse, pour ne rien
dire de plus. Benoît XIV l'a proscrit formellement dans sa lettre encyclique du 1er novem-
bre 1745, adressée aux évêques d'Italie, etc.

« Pour justifier l'intérêt, dit ce savant pape,
il est inutile d'alléguer que celui qui l'exige
ne laissera pas la somme empruntée oisive ;

les intérêts que l'emprunteur consent à lui payer.

4°. L'on convient que l'*usure* est légitime dans trois cas, lorsque le prêt ôte un profit réel au prêteur, lorsqu'il lui porte du préjudice, lorsque le capital est en danger; c'est ce que l'on appelle, *lucrum cessans, damnum emergens, periculum sortis.* Or, vu l'instabilité des fortunes, les révolutions du commerce, l'incertitude du véritable état des affaires de l'emprunteur, il est rare de trouver deux cas dans lesquels le capital ne coure aucun danger. Les constitutions même de rente perpétuelle n'en sont pas à l'abri; et c'est peut-être cette raison, prouvée par l'expérience, qui a réconcilié les théologiens avec ce contrat.

5°. En matière de justice, il faut avoir de fortes raisons pour condamner dans le fond de la conscience un usage permis ou toléré par les lois civiles. Comme elles sont censées avoir été établies pour l'intérêt général de la société, il ne s'agit plus de décider une question sur les seuls principes du droit naturel de chaque particulier, puisqu'il est impossi-

mais qu'il l'emploiera très-utilement et pour
améliorer sa condition, soit à des acquisitions
de domaines, soit à des négociations de commerce, puisque l'essence du prêt consiste nécessairement dans l'égalité entre ce qui est
donné et ce qui est rendu : celui qui prétend
quelque chose de plus, par la seule force du
prêt, va contre la nature même de ce contrat,
ayant été justement satisfait par le paiement
d'une somme égale à celle qu'il avait prêtée ;
par conséquent, il serait tenu à restituer le
surplus qu'il aurait reçu : restitution fondée
sur la justice commutative, qui ordonne de
garder exactement dans les contrats l'équité
propre à chacun, et de réparer les dommages
causés, si on a blessé cette équité. » Il est bon
d'observer, en passant, que le Saint-Pontife
Pie VI, consulté sur cette même matière par
monseigneur l'archevêque de Vienne, actuellement archevêque de Bordeaux, répondit,
le 12 août 1795, qu'il fallait s'en tenir à l'encyclique de Benoît XIV, que nous venons de
citer.

Quelques-uns voudraient aussi s'autoriser
des dispositions de la loi civile en faveur de

ble que ce droit ne soit pas restreint, en plusieurs cas, par l'intérêt général de la société.
Si le législateur décidait que, pour le maintien du commerce national, tout argent
prêté dans le commerce doit porter intérêt;
qui oserait s'élever contre cette loi et la déclarer injuste? Il ne sert donc à rien d'argu-
menter iniquement sur la justice commutative
ou sur le droit des particuliers considérés, par
abstraction, hors de la société civile.

Ces considérations nous paraissent assez
graves pour ne pas condamner absolument et
sans réserve le prêt de commerce; et ce seul
exemple suffit pour démontrer l'ineptie des
philosophes qui ont soutenu que la loi naturelle, le droit naturel sont clairs, évidens,
sensibles à tout homme qui fait usage de sa
raison. Ils demanderont peut-être pourquoi
l'Evangile n'a pas formellement décidé la question : c'est parce que le divin auteur de cette
loi savait très-bien que l'état, les intérêts, les
droits de la société civile ne pouvaient pas
toujours être les mêmes qu'ils étaient de son
temps, et chez la nation à laquelle il parlait.
Mais il nous a donné des préceptes de cha-

l'intérêt. Il n'y a point d'usure, disent-ils, pourvu que l'on se conforme au taux légal. Ce n'est point ainsi que raisonnent les Pères. Ils ont condamné tout profit exigé en vertu du prêt, dans le temps même où les empereurs le permettaient par leurs lois. « Les moyens de faire profiter l'argent, dit l'abbé Fleury, (*Institution au Droit ecclésiastique*, c. 13,) qui sont approuvés dans le tribunal extérieur, ne le sont pas toujours dans celui de la conscience. Les lois civiles tolèrent souvent de moindres maux pour en éviter de plus grands; et les coutumes humaines, quelque anciennes qu'elles soient, ne prescrivent jamais contre la loi de Dieu. »

« Cette loi divine est formelle, et se trouve rapportée au 6ᵉ chapitre de St.-Luc. Jésus-Christ y dit expressément : prêtez sans en rien espérer. C'est en vain que, dans ces derniers temps, on essaie de donner une autre interprétation à ce texte. »

« La tradition constante des conciles, à commencer par celle des plus anciens, celle des Papes, des Pères, des commentateurs, est d'interpréter ce verset comme prohibitif du

rité qui peuvent nous guider dans tous les temps et dans tous les lieux, et qui suppléent à la lumière naturelle, à l'égard des questions même de justice les plus compliquées et les plus obscures.

Sur celle-ci, nous ne voyons d'autre parti à prendre que celui du doute et de l'incertitude. Nous n'oserions conseiller à personne le prêt de commerce, puisqu'il est condamné par des auteurs très-instruits ; mais s'il était arrivé à un homme d'en faire usage et d'en tirer des intérêts, nous n'oserions pas non plus l'obliger à les restituer : nous craindrions de commettre une injustice à son égard.

Il ne faut pas oublier que les mêmes décrets des conciles qui ont proscrit l'*usure* des laïques, l'ont interdite avec encore plus de sévérité aux ecclésiastiques, puisqu'ils ont prononcé contre ces derniers la peine de déposition ou de dégradation, et même d'excommunication. Le trente-sixième ou quarante-troisième canon des apôtres, les conciles de Nicée, *can.* 117; d'Elvire, *can.* 20; d'Arles, *can.* 12; de Carthage, *can.* 13; de Laodicée, *can.* 4, etc., l'ont ainsi statué. Ces

profit qu'on tire du prêt. » Ainsi s'exprime Bossuet dans la seconde *Instruction* sur la version du Nouveau-Testament de Trévoux. On peut lire aussi ce qu'en dit Benoît XIV au livre 10, c. 4 de son excellent ouvrage des *Synodo Diœcesaná*, dernière édition. « Que si, ajoute Bossuet (*Traité de l'Usure*, p. 68), parmi les théologiens qui reçoivent, avec les autres, comme décidée par l'Eglise, la doctrine qui dit que tout profit qu'on stipule ou qu'on exige au-delà du prêt est défendu dans la loi nouvelle à tous les hommes envers tous les hommes, et conséquemment envers les négocians, et aux autres qui font un emploi fructueux de l'argent, il s'en trouve quelques-uns qui donnent des expédiens pour éluder l'usure ; il ne faut pas regarder leurs subtilités comme un affaiblissement de la tradition, comme une condamnation de leur doctrine. »

Lorsque Jésus-Christ porta sa loi, il n'ignorait pas que l'usure était permise. Dans l'Empire romain, des chrétiens auraient donc eu tort de s'autoriser de la loi civile qui la tolérerait en France. Ils ne pourraient pas plus la suivre

saintes assemblées, qui ont défendu aux clercs tout négoce ou commerce quelconque, ont dû sévir à plus forte raison contre ceux qui prêtaient à intérêt : à leur égard, cette manière de s'enrichir sera toujours odieuse; une des vertus auxquelles ils sont particulièrement obligés, est le désintéressement et la charité. L'église a pourvu à leur subsistance par les bénéfices ; en entrant dans la cléricature, ils ont fait profession de prendre le Seigneur pour leur héritage. C'est donc à eux principalement que s'adressent ces paroles de Jésus-Christ : « Ne vous amassez point de trésors sur la la terre, mais dans le ciel. » (*Math.*, c. 6, *v.* 19 *et* 20.)

POST-SCRIPTUM DES ÉDITEURS

Sur les pages du faux Bergier de Toulouse.

Le lecteur peut remarquer, dans les pages du faux Bergier, le même défaut que M. B..... avait trouvé dans la dissertation de ce membre d'une Congrégation « plus distinguée par son zèle que par ses talens », dont il a parlé à la

en sûreté de conscience, qu'ils ne pourraient user de la loi qui permettrait le divorce.

« L'usure, dit encore Fleury, est défendue plus rigoureusement aux clercs, comme devant être plus désintéressés que le commun des chrétiens, et plus éloignés de tout gain sordide. Le concile de Nicée ordonne que les clercs usuriers soient déposés : ce qui, dans le siècle suivant, a été confirmé par plusieu. canons[1], et on y a ajouté la perte des offices et des bénéfices. » (*Instit. au Droit ecclés.*, Chap. 13.) Le même auteur, au livre III de son *Histoire Ecclésiastique*, rapporte le fait suivant. « Du temps de Saint Grégoire-le-Grand, on avait élu pour Evêque de Naples, un Diacre, nommé *Pierre*, qui avait donné de l'argent à usure ; de quoi, dit ce Pape, je vous prie de vous informer exactement ; et s'il en est ainsi, d'en élire un autre : car nous n'imposons point les mains aux usuriers. » (*Voyez* le Rituel de Toulon, T. I, pag. 505 et suiv.)

La doctrine qu'on vient d'exposer a été constamment enseignée non seulement par les théologiens, mais par ce que nous connaissons de plus instruits parmi les juriscon-

première et à la seconde pages. On peut dire aussi du Toulousain «qu'il a gâté les meilleures » raisons, (c'est-à-dire les plus spécieuses) ; » et que ces raisons qu'il a gâtées, ne sauraient » paraître bonnes » à M. B...., qui, sans les connaître, les a confondues l'une après l'autre, en pulvérisant même celles qui, plus fortes peut-être, n'avaient pas été connues du Toulousain. Celui-ci, dès son début, n'a pas donné une grande opinion de son jugement, lorsqu'il a dit: «L'usure était permise aux Juifs » par la loi de Dieu, à l'égard des étrangers ; » mais cette loi la leur défendait à l'égard de » leur *prochain*.» Si,comme nous le pensons, ce mot *prochain* n'est pas substitué avec astuce à celui de FRÈRE (*fratri tuo*), que porte le Deutéronome (Ch. 23. V. 19), il y a peu de logique dans la tête du Toulousain. *Frère* ayant été dit dans le livre sacré par opposition à ÉTRANGER (*sed alieno*), on voit très-clairement que le mot *frère* ne s'entend ici que dans le sens de la grande famille juive, et ne peut se traduire sans infidélité par le mot *prochain* qui comprend tous les hommes, c'est-à-dire les étrangers comme les

sultes : témoins les Domat , les Pothier d'Orléans , etc. Au surplus Bénoît XIV , Bossuet, Fleury, dont on a emprunté tous ces articles , sont des témoignages imposans, surtout quand ils ne font que confirmer l'enseignement de toutes les écoles catholiques.

nationaux, et même les plus proches parens.

Nous renvoyons, pour le surplus des raisonnemens du Toulousain, au *Précis* de M. B.....

ERRATA.

Page 6, *lig.* 9, *au lieu de* prostestans, *lisez :* protestans.

Page 23, *lig.* 18, *retranchez* le point interrogant après intérêt.

Page 26, *lig.* 2, minorité, *lisez :* autorité.

Page 48, *lig.* 20, après dominante, *retranchez* la virgule.

Page 75, *lig.* 8, orateurs, *lisez :* auteurs.

Page 171, *lig.* 10, examine, *lisez :* exauce.